万国博覧会と「日本」

アートとメディアの視点から

暮沢剛巳／飯田　豊／江藤光紀
加島　卓／鯖江秀樹／ウィリアム・O・ガードナー

勁草書房

William O. Gardner, "Future City: The 1970 Osaka Expo."
In The Metabolist Imagination: Visions of the City
in Postwar Japanese Architecture and Science Fiction
(University of Minnesota Press, 2020) pp. 87-110.

はしがき

暮沢剛巳

本書は科研費プロジェクト「万国博覧会に見る『日本』――芸術・メディアの視点による国際比較」（以下、本研究と略記）の最終成果報告として出版される研究論集である。まず本研究の概要を簡単に述べておこう。

本研究は二〇一八年四月に開始され、当初の予定より一年遅れて、二〇二三年三月に満了した。参加者は暮沢剛巳（研究代表者）、飯田豊、江藤光紀、加島卓、鯖江秀樹（以上、研究分担者）の五名で、その目的はタイトルに掲げるとおりである。前年（二〇一七年）に本研究の申請にあたって、わたしは「本研究は、過去に日本国内で計画・開催された複数の万博の展示計画、及び海外の万博・国際博における日本館の展示を、国際比較を念頭に置きつつ、芸術学、社会学・メディア論的なアプローチによって検証し、そこに様々な形で現れる「日本」という表象を考察することを主な目的として実施される」と関連書類に書いたのだが、それから約六年経って本書の出版を控えた現在、あらためて本研究の問題設定は適切なものであり、またその意図をある程度実現できたものと考えている。

もちろん本研究の構想は一朝一夕に生まれてきたものではなく、そのルーツは一〇年以上前にまでさかのぼる。その出発点は研究代表者である暮沢が、分担者のひとりである江藤と共同で行った「大阪万博における前衛芸術――考察と国際比較」（基盤研究（C）二〇一一―二〇一四年）である。この研究によって、それぞれの専門である美術・デザイン研究と音楽研究の観点から、万博と芸術の関係をある程度解明することができたと自負するふたりは、次の射程を開催が計画されながら実現しなかった紀元二六〇〇年博に定め、美術史を専門とする鯖江と西洋史を専門とする寺本敬子（本研究不参加）を新たなメンバーとして迎え、同時期のドイツとイタリアの万博をも射程に収めて、「万博に見る芸術の政治性――紀元二六〇〇年博の考察と国際比較を中心に」（基盤研究（C）二〇一四―二〇一七年）として展開した。本研究はそれを引き継ぐ三回目のプロジェクトであり、過去二回にはなかった新機軸としてメディア論的なアプローチを試みるべく、社会学を専門とする飯田と加島を新たなメンバーとして迎えた次第である。

本研究は日本に注目する試みだが、研究の遂行にあたって、過去二回の研究を通じて有効性が確認されている国際比較という視点を今回も継承することとした。また過去二回のプロジェクトはいずれも論集として書籍化されていることから（『大阪万博が演出した未来――前衛芸術とその時代』『幻の万博――紀元二千六百年をめぐる博覧会のポリティクス』いずれも青弓社刊）、本研究もまた必然的に論集の刊行を目指すことになった。

次に本書の構成について述べておこう。本書には紙幅の許す範囲で研究期間中の五年間の記録を収録したが、もちろんその骨格をなすのは、各メンバーが執筆した研究論文であり、ここに採録された五篇の論文は、いずれも各々の研究の最終報告としての性格をもつ。飯田豊の「『映像博』の日本的展開――一九七〇年大阪万博と一九八五年つくば科学博」は、日本の万博における映像展示の変遷を大阪万博とつくば科学万博の対照によって検討する試みである。江藤光紀の「未完の〝万都市博〟――東京世界都市博における泉眞也の構想をめぐって」は、過去に日本で開催された五回の万博すべてに深くかかわった泉眞也の博覧会思想を東京都市博のコンセプトを通じて読み解く。加島卓の「大阪万博とデザインの歴史社会学――専門家から市民参加へ」は、一九七〇年大阪万博と二〇二五年関西万博のシンボルマーク選考を対比して、その選考の違いを詳細に分析している。鯖江秀樹の「時のつらなり――相澤次郎のロボットと一九七〇年大阪万博」は、大阪万博のフジパン・ロボット館の展示を通じて、二〇世紀の著名なロボット技術者・相澤次郎の足跡をたどる試みである。暮沢剛巳の「ブリュッセルから大阪へ――万博から考える日本の『核』」は、一九五八年のブリュッセル万博と一九七〇年の大阪万博における日本館パビリオンの原子力展示を対照して、日本の原子力技術や原子力政策の推移を考察する試みである。もちろん、以上はわたし個人のバイアスのかかった最低限の概略にすぎない。詳細はぜひ各論文を通読して確認していただきたい。

以上五篇の論考に加えて、本書にはウィリアム・O・ガードナーの長編論考「未来都市――一九七〇年大阪万博」も掲載されている。著者ガードナーは日本文学の研究者にして、日本語の堪能なジャパノロジストでもあるが、本論考でも、メタボリズムの建築家や小松左京をはじめとする「万国博を考える会」のメンバーの関与など、一九七〇年大阪万博に充溢するSF的想像力が、多くの資料の精緻な読解によって浮き彫りにされている。

また最終年度には、本研究の締めくくりとしてのシンポジウムが開催され、メンバー五人にガードナーを交えた討議が行われたのだが、本書にはその記録も採録している。ガードナーの論文が採録され、また討議に参加してもらった経緯に関してはあとがきに記載したので、シンポジウムの記録とあわせてそちらを参照していただきたい。そのほか記録集である本書には、研究期間中に刊行された中間報告書の目次も採録した。報告書や記録集の目次は本書の目次とは異なっているところもあるが、両者の異同から各メンバーの関心の変化を読み取っていただければ幸いである。

日本は明治初期から海外の万博に数多く参加する一方で、国内でもすでに五回の万博を開催するなど、一世紀半に及ぶ歴史を有している。またそうした趨勢に対応するように、いまや古典とみなしうる吉田光邦による一連の万博研究や、その流れを汲む京都大学の「万博学研究会」の活動など、万博研究にも多くの蓄積がある。研究と実務の双方の性格をあわせもつ平野暁臣の一連の著作も忘れてはなるまい。ほかならぬわたし自身も、この十年来日本の万博研究の末席に名前を連ねてきたという自覚はあるし、その意識はほかのメンバーも共有するところだろう。だからこそ、本書の出版は大変嬉しいし、また意義深いと考える。二〇二五年大阪・関西万博の開催を間近に控え、さらに二〇二七年横浜園芸博が後に続く今の時期、本書の出版によって何らかの問題を提起することを期待している。

万国博覧会と「日本」

——アートとメディアの視点から

目次

第1章 「映像博」の日本的展開
――一九七〇年大阪万博と一九八五年つくば科学博

飯田　豊

1・1　はじめに――「映像博」とは何か

一九六七年に開催されたモントリオール万国博覧会（以下、モントリオール万博）が、いわゆる「映像博」の端緒であることは論を俟たない。その成功をふまえて、一九七〇年の日本万国博覧会（以下、大阪万博）においては、開幕前から映像展示が大きな目玉であることが、繰り返し強調されていた。たとえば、開幕直前の『週刊朝日』臨時増刊号には、「参加する芸術」という小見出しのもと、次のように記されている。

ほとんどの館がとりあげる映像展示も、大きな見どころ。多面スクリーンをはじめ、立体的な効果をねらった数々の手法が試みられ、これと同時に音と光の演出も大きく飛躍した。

前回のモントリオール博（1967）で口火をきった『映像文化』の成果を一堂に集めたものといえる。いまや、見る芸術でなく、参加する芸術の時代になってきた[1]。

かつて吉見俊哉が『博覧会の政治学――まなざしの近代』のなかで指摘したように、大阪万博における映像の氾濫は、一九七五年の沖縄国際海洋博覧会（以下、沖縄海洋博）、一九八一年の「神戸ポートアイランド博覧会」（以下、ポートピア'81）、一九八五年の国際科学技術博覧会（以下、つくば科学博）、そして一九八〇年代末の一連の地方博、一九九〇年の大阪花と緑の博覧会までを貫く特徴となった[2]。その後、二〇〇五年日本国際博覧会（愛・地球博）、来たる二〇二五年日本国際博覧会（大阪・関西万博）まで、「映像博」は続いているといえよう。

もっとも、大阪万博の映像展示は、そのほとんどがフィルムを用いた光学映像であり、一九六〇年代に台頭したエクスパンデッド・シネマ（拡張映画）の流れを汲むものであった。モントリオール万博で用いられた技術や手法を手堅く踏襲し、そして何より、前衛芸術にかかわっていた人びとが多く起用された。一九六〇年代後半には放送用ＶＴＲに限らず、比較的安価な業務用ＶＴＲの普及も進んでいたが、電子映像を大きなスクリーンに投映する手段は限られていた。数少ない例外のひとつが、ＴＢＳの萩元晴彦と今野勉がかかわった電気通信館であり[3]、ここでは電子映像を拡大投影できる「アイドホール・スクリーン」が使用された。

それに対して、電子映像による展示が開花したのは一九八五年のつくば科学博であり、ソニーの

「ジャンボトロン」がその象徴であった。戦後日本におけるエレクトロニクスの発展を喧伝するねらいがあったが、現在から振り返ってみれば、大阪万博との差別化に成功したとは言いがたい。

そこで本章では、一九七〇年の大阪万博と一九八五年のつくば科学博が、それぞれどのような「映像博」だったのか、その違いを検証する。展示映像を支える技術の変容と制作者の入れ替わりに注目することで、日本における万博史と映像史との交点を浮き彫りにしたい。

1・2 「映画的」映像博としての大阪万博

●――光学映像と電子映像

とはいえ、一九六七年のモントリオール万博が「映像博」と評されたことを受けて、大阪万博もこれに準拠するという認識が当初から当然視されていたわけではなかった。たとえば、『実業の日本』一九六九年一月一日号は、「モントリオール博は〝映像博〟ともいわれた。あらゆる種類の映像技術がここにとりいれられ、新技術を生み出したからだ。この伝でいけば、日本の万国博は〝電算博〟になるかもしれない、という説がある」と報じている[4]。

ところが実際は、モントリオール万博の手法を手堅く踏襲して、光学映像を用いた展示が主力になることが次第に明らかになる。なかでも、みどり館の全天全周映像「アストロラマ」が、その象徴であった。「こんどの万博は、パビリオンの七割がなんらかの形で映像を見せている〝映像博〟でもあるが、アストロラマはそのなかにあって最右翼[5]」「アストロラマは世界最大であり、万博でもその七割が映像で、映像博とさえいわれるなかで、断然最右翼と評価されている」[6] などと報じられた。

個々の映像展示についてはすでに研究が蓄積されているため、それぞれの詳細は割愛したい。一言でいえば、一九六〇年代におけるエクスパンデッド・シネマの隆盛が、モントリオール万博および大阪万博の背景にあった。とくに松本俊夫は一九六〇年代、大規模なマルチプロジェクションが急速に台頭してきた状況に警鐘を鳴らしつつ、日本において誰よりも意識的に、エクスパンデッド・シネマを最新のかたちで実践してきたひとりであった[7]。一九六八年、草月会館で五日間にわたって開催された「EXPOSE 1968 シンポジュウム なにかいってくれ、いま、さがす」のなかで、三台の映写機を使って上映されたマルチプロジェクション作品《つぶれかかった右眼のために》がその金字塔であり、せんい館の全円周映画《スペース・プロジェクション・アコ》の制作につながっていく。

ただし当初は、こうした潮流とは一線を画して、国産の電子映像技術を万博で誇示しようという機運もあった。松下電器産業は一九六七年四月一日、「エレクトロニクスとマンモスカラーテレビ」というテーマで出展参加申し込みを行い、世界最大のマンモスカラーテレビを壁面に設置する計画を明らかにしていた。それにもかかわらず、会長の松下幸之助は同年七月、万博は私企業のＰＲの場ではないとして、この構想を撤回している。

というのも、同年四月に開幕したモントリオール万博では、あらゆる日本製品がまるで見本市のようにあふれ返っている日本館が不評を買い、厳重な抗議を受けていたからである。そして七月、日本館の前に陳列されていた日本製の自動車やオートバイが、商業宣伝が濃厚であるという理由から撤去されるという事態が生じた。これを受けて、松下幸之助は「日本万国博はあまりにもコマーシャルベースの傾向が強く、出展の在り方に問題がある」との談話を発表した。[8]「万国博は宣伝の場ではなく、企業あるいは企業グループとしてではなく業界単位として出展すべきであり、松下グループの出展準備については再検討したい」という松下幸之助の警告は当初、松下電器グループの不参加表明とも誤解された。この松下談話は、万博のコマーシャリズム批判と受け止められ、松下館のみならず、大阪万博における企業パビリオン全体の方向づけに大きく影響することになる。[9] その結果、松下館の展示構想は「技術紹介中心」から「娯楽中心」に転じ、展示のあり方を再検討することになった。[10] 準備作業が大幅に遅延した結果、マンモスカラーテレビの代案として浮上したのが、毎日新聞社から持ち込まれたタイムカプセルのアイディアで、「伝統と開発——五千年後の人びとに」というテーマに行き着いたのである。[11]

●——「映像博」の青写真

もともと国際博覧会事務局（ＢＩＥ）は、企業色がむき出しの博覧会に難色を示していたため、日本万国博覧会協会は、あくまで商業主義を排し、統一テーマ「人類の進歩と調和」に忠実な展示を各企業に求めていた。しかし、大企業の参加を促して開催資金を集め、大がかりな会場構成にしたかったのが本音でもあった。そこで日本万国博覧会協会は一九六六年一二月から、『日本万国博——日本万国博覧会会報』という冊子を刊行し、「人類の進歩と調和」という統一テーマ、およびその具体化をはかるためのサブテーマに忠実な展示のあり方について、企業に対する啓発を行っている。[12]

たとえば一九六七年一月には、参加を予定している企業にむけた「あくまで参考資料」として、三つの「出展プラン」を具体的に示している。これは「五つの企業（鉄鋼、繊維、化学、金融、商社）で構成された企業グループの出展を想定し」て作例したもので、「少し変化をつければ、業界や同種企業の単独パビリオンとしても十分成り立つ」という。[13] 第一案は「タイム・トラベルと劇場館」で、移動座席を利用した展示と未来のショーによって構成される。第二案は「立体映画と未来館」で、天井から一階の床に投影された映画を二階から見下ろすパノラマ風のパビリオンである。そして第三案は「巨大な鉄のオブジェ」で、展示室だけでなく観覧車や展望台なども備えた、芸術的な造形物である。

第一案の移動座席については、モントリオール万博では「ジャイロトロン」という名称で実現している。大阪万博では、三井グループ館の空中観覧席（せり上げ回転式展望装置）、タカラ・ビューティリオンの昇降回転座席などが実現した。電力館の「水上劇場」（別館）は、上演中に建物全体が一八〇度回転するように設計されていた。

大阪万博で実現するパビリオンのなかで、第二案から真っ先に想起されるのは、三菱未来館であろう。「ホリミラースクリーン」「スモークスクリーン」「球体スクリーン」「シルエトロン」などを駆使した立体的な映像によって、その名のとおり、科学技術が自然の脅威を克服する五〇年後の日本を表現した。また、東芝IHI館の空中球形劇場「グローバル・ビジョン」は、三六〇度の九面マルチスクリーンを備え、さらに昇降回転座席を採用しており、第一案と第二案のハイブリッドのように見える。生活産業館の「回転劇場」も、マルチスクリーンによる多面映画を含む四つの展示ブースを、回転ベルトに乗った観客が巡回する仕掛けになっていた。

マルチプロジェクションによる多面映像については、そのほかにも、みどり館の「アストロラマ」

やせんい館の《スペース・プロジェクション・アコ》をはじめ、富士グループ・パビリオンの「マンモス・スクリーン」に上映された「全的体験方式」のマルチビジョン映画、サントリー館の「オーディトリウム」で六面の巨大マルチスクリーンを用いて上映された多面映像《生命の水》（監督：勅使河原宏）、自動車館の四面スクリーンで上映された映画《一日二四〇時間》（脚本：安部公房、監督：勅使河原宏）など、枚挙にいとまがない。さらに、三面のアイドホール・スクリーンを採用した電気通信館の「三角広場」、四面スクリーンから構成されるガス・パビリオンの「映像ホール」、五面スクリーンが円筒形の壁面に沿って配置された電力館の「空中劇場」も挙げられる。球体スクリーンはタカラ・ビューティリオンや住友童話館でも用いられている。

このように企業パビリオンの企画構成には、先行事例に関する各社の独自調査に加えて、日本万国博覧会協会が例示したシナリオが存在していた。こうした下絵を具体的に示すことによって、日本万国博覧会協会は企業パビリオンのあり方を啓発していくことになる。とくにマルチスクリーンやマルチプロジェクションによる映像上映への水路づけがなされていった。

その一方、一九六〇年代にはすでに日本のエレクトロニクスは相当の進展を遂げており、その成果を大阪万博で示すことはできたものの、技術紹介を自重するという方針によって、その思惑は霧消する。ソニーは六〇年代、世界に先駆けてVTRの小型化に成功し、国外輸出に力を入れていたにもかかわらず、大阪万博には出展していない。ちなみに、つくば科学博の「ジャンボトロン」は、もともと「ジャンボ トリニトロン」という名称で出展申請されていたが（図1・1）、その要素技術であるCOLOR JUMBO PANEL（超薄型多色発光表示装置）は一九六八年に開発されている。

SONY®

ジャンボトリニトロン

JUMBO TRINITRON

ソニーは1985年3月開催される科学万博に「ジャンボトリニトロン」を出展いたします。

このトリニトロンは近い将来に一般化されると予想される高品位テレビの縦・横構成比3：5をベースに25m×40mの大画面を屋外に設置、白昼下においても通常の家庭用カラーテレビと同等以上の高画質、高輝度で種々のソフトを放映するほか、大画面下に特設するステージでの催物情報を拡大放映するとともに、特設ステージと大画面を連動させることによって、これまでの舞台演出では実現が不可能であった試みも可能といたします。

庭用カラーテレビと同等以上の高画質で、白昼下の屋外であっても高輝度で鮮明な画面を映し出すことができます。

ジャンボトリニトロンのおもな仕様

- ●構造物寸法
  48m（W）×42m（H）×20m（D）
- ●画面サイズ
  25m×40m＝1,000m²
- ●総絵素数
  約450,000（セル数＝約150,000セル）
- ●映像表現
  RGB3原色高輝度螢光方式
- ●輝度（ホワイトピーク部）
  1,500ft-L以上
- ●コントラスト比
  40：1以上

図1・1　ソニー「ジャンボ トリニトロン」

出典：『EXPO'85 国内館の出展構想』国際科学技術博覧会協会、推定 1983-84 年。

マルチスクリーンやマルチプロジェクションは当時、一世を風靡していたマーシャル・マクルーハンの影響をふまえて、「マクルーハン的ミクスト・メディア」とも「触覚展示」とも呼ばれていた。一九五〇年代なかばにイギリスで登場した「ポップ・アート」以降の芸術運動、とりわけ一九六〇年代の北米で注目を集めた「ハプニング」「環境（エンバイラメント）」「インターメディア」といった概念は、総じてマクルーハンの議論と親和性が高く、それがモントリオール万博で大きく開花したといわれる。

●──「映画的」映像博の反省

ただし、大阪万博の映像展示が必ずしもすべて、こうした前衛芸術の動向をふまえて制作されていたわけではなかった。たとえば、電力館で上映された《太陽の狩人》は、東宝で劇映画を撮っていた恩地日出夫が手がけている。横長のシネマスコープを撮影するためのレンズ（＝「東宝スコープ」）を九〇度回転させ、それを五個並べて撮影することで、縦長の五面マルチスクリーンのための映像が制作された。「日本に昔からあった屏風のようなスクリーンに画像を映しだすというアイディア」だったという。[14] 制作には岩波映画のスタッフが起用されたが、東宝スコープ自体は、恩地がデビュー作以来ずっと使用していたものだった。

実際、マルチスクリーンやマルチプロジェクションを活用した映像展示の数々に多くの観客が瞠目した反面、掘り下げた表現にむいていないとして、新聞や雑誌には酷評も目立った。映画評論家で、マス・コミュニケーションの研究者でもあった瓜生忠夫は、『映画テレビ技術』の連載「モンタージュ考」（一九七三年に書籍化）のなかで、次のように苦言を呈している。

> マルティスクリーンとしてすぐれておればおるほど、観客大衆との関係においては欠陥が大きくなっていることに注意せずにはいられなかった。たとえば、大阪万国博の呼びものとなったといって差し支えない、みどり館の〈アストロラマ〉や東芝ＩＨＩ館の〈空中球形劇場〉の場合がそうである。〔……〕おどろくべき迫力をもっており、観客を映像と音響の世界に包摂してしまう点では、みごとな効果を見せていたが、それが超視野映像、超立体音響であるために、天を仰ぐ観客の位置によって、目にも耳にも〈盲点〉が多すぎる欠陥が生じたのである。〔……〕そして、何よりも問題なのは、観客の一人一人が決しておなじものを見ることができない――したがって同一認識を得られない――という欠陥が生れてしまったのであった。観客が同一認識を得られないということは、改めていうまでもなく、映画の重要な特質の放棄を意味するのである[15]。

同じく映画評論家の山田和夫も、「視線がむやみと無統制に拡散することを注意ぶかく避け、〔……〕観客の視線をどう誘導するかが、「マルチ・スクリーン」を芸術作品にするかどうかの一つの鍵である」という立場で、映像展示の批評を行っている[16]。あくまで映画として評価するのであれば、瓜生や山田が厳しく指摘するように、その欠陥が際立って見えるのも無理はない。

また、小松左京、星新一、手塚治虫も『週刊少年マガジン』に掲載された「現地座談会」のなかで、アストロラマを例外的に高く評価しつつも、マルチスクリーン自体を次のように一刀両断している。

星　どこもかしこも、やたらスクリーンを並べてるのはよくない。マルチを見るとゲップがでる

よ。（笑）

小松　だいたい映像で見せる時代はモントリオール博（一九六七年）で終っているのに、どの館もマルチスクリーンだ。

手塚　国内企業は、とくにひどいね。

小松　これは万国博のジンクスなんだ。前の万国博でいちばん成功したものを、みんなマネしちゃう。それをさけて、マルチを抜いた館が成功している。［……］映像や活字で情報を知りつくしたあとはタッチだよ。自分で現場へ行って触れてみないと情報が得られなくなるんだ。[17]

座談会を通じて三名とも繰り返し、マルチスクリーンに上映される映像の退屈さを酷評している。小松が「タッチ」というのはマクルーハンを念頭に置いた指摘だが、モントリオール万博を踏襲した映像装置自体はもはや評価されない。

マクルーハンの芸術論における中心的な概念は、「環境」である。マクルーハンによれば、メディアが環境化することによって、ある時代の現実が形成されるようになると、その影響は不可視なものになる。新しい環境が登場することで相対的に古くなり、目に見えるようになった前の時代の環境（＝「反環境」）を作品として意識させるのが、芸術の役割にほかならない。そして、エレクトロニクスという新しいテクノロジーの環境が登場してきた現在、環境そのものが芸術として扱われる段階（＝「環境芸術」）にはじめて達したのではないかと指摘する。[18]

つまり、芸術分野にエレクトロニクスという技術的手段が導入されたことは決定的に重要であって、エクスパンデッド・シネマの実験は必ずしも光学映像にとどまっていたわけではなかった。それはもはや映画でさえなく、拡張された意識（expanded consciousness）こそが目指された。大阪万博が開催された一九七〇年、アメリカではビデオ・アートやコンピュータ・アートなどの新しい映像表現を含めて、その潮流が理解されるようになっていたのである。[19]それに対して、あくまで光学映像にとどまっていた大阪万博の予定調和的な映像展示は、多くの制作者にとって悔いの残る仕事だったに違いない。

こうしたなかで観客の「参加」を謳った電気通信館の試みは異色だったといえよう。フィルムを用いない電子映像による同時中継だからこそ可能な実験であった。『読売新聞』は当時、次のように報じている。

> 大部分のものは、戦争↕平和とか繁栄↕荒廃とかいう対立性や国は変わっても若者は同じなどという同質性によって気軽に結びつけているようだ。このていどの媒介物なら私たちの常識の範囲でしかなく、観客の参加も浅いレベルでとどまってしまう。それならば、テレビの多元同時中継（電気通信館）の同一性を媒介としたいくつかの画像のもたらすスリルの方が、はるかに体験的である。[20]

三井グループ館の総合プロデューサーを務め、大量の音響装置等を駆使した「トータル・シアター」をプロデュースした山口勝弘は後年、次のように振り返っている。

万国博は、情報化社会への導入の役割を果したといえるが、その内容的な面では、さまざまな視覚的展示手法の開発にもかかわらず、個々の観客との間にコミュニケーションを欠いた手法とならざるをえなかった。

むしろ七〇年代に入って、受け手の側に立った新しいコミュニケーション手法への関心が起ってきた。それと一九六四年のマクルーハンのメディア論の登場の批判的意見も、一九七〇年代のいくつかの実践的活動によって検証されることになった[21]。

馬定延は『日本メディアアート史』のなかで、大阪万博を日本のメディア・アートの「起源としての実験」と位置づけ、その反省の後に訪れたのが、「社会的メディアとしてのビデオという思想」であったとする[22]。大阪万博に対する反動によって、日本ではビデオ・アートが台頭することになったというわけである。

1・3 実験から広場へ——大阪万博の反動としてのビデオ・アート

●——大阪万博からビデオひろばへ

ソニーは一九六七年、アメリカで「ポータパック（Portapak）」を発売し、これがビデオ・アートの誕生に直結したといわれる。都市で起こっている出来事を手軽に撮影したり、あるいは芸術家たち自身がしかけるパフォーマンスやハプニングを記録したりするうえで、理想的な手段だったからである。

ビデオ・アートは、その文化的起源を実験音楽や前衛映画などに求めることもできるが、テレビの民主化（脱中心化）を志向する政治的運動として、はじめてその輪郭が浮き彫りになった。テレビは技術的優位性を寡占していながら、視聴者の想像力を喚起しない因襲的なメディアとして非難された。

アメリカでは一九六九年、抽象画家からメディア・アクティビストに転身したフランク・ジレットが、映画製作者のマイケル・シャンバーグとともに、「レインダンス・コーポレーション」というオルタナティブ・メディアのシンクタンクを創設した。ヒッピー・ムーブメントに加え、マーシャル・マクルーハン、グレゴリー・ベイトソン、バックミンスター・フラーなどから強い影響を受けていて、ビデオ作品を制作・販売・配給する活動を展開した。それに加えて、雑誌『ラディカル・ソフトウェア』（一九七〇―七四年）を発行し、国家やマスメディア企業に迎合することなく、地域社会や地方自治体の多様な利害関心を反映する「コミュニティビデオ」の制作を啓発した。一九七一年に刊行された『ゲリラ・テレビジョン（*Guerrilla Television*）』は、ビデオに関する技術的かつ実践的な情報を掲載したマニュアルと、『ラディカル・ソフトウェア』の思想を抽出したメタマニュアルによって構成される。

それに対して、日本でビデオ・アートが本格的に花開くのは一九七〇年代、大阪万博が終わってからのことである。すでに見たように、大阪万博における映像展示の花形だった企業パビリオンは、おおまかな出展計画が一九六七年には固まっていることから、ビデオ・アートが介在できる余地はまったくなかった。裏を返せば、多くの芸術家が大阪万博につきっきりで、欧米で胎動していたビデオ・アートの動向に関心をむける余裕がなかったともいえよう。

『ゲリラ・テレビジョン』の理念や実践をいち早く日本に紹介したのが、一九七二年に発足した「ビデオひろば」である。カナダのビデオ作家マイケル・ゴールドバーグが前年に来日したことをきっかけに集まり、彼の指導を受けたことで『ゲリラ・テレビジョン』の存在を知ることになる。彼らは一九七二年二月、銀座のソニービルで「ビデオ・コミュニケーション／DO IT YOURSELF kit」を開催し、一九七五年頃まで活動を続けた。そして以下のとおり、ほとんどの参加メンバーが、さまざまなかたちで大阪万博に関与していた。

まず、後にビデオ・アートやメディア・アートの先駆者と評される山口勝弘（一九二八―二〇一八）は、「実験工房」や「エンバイラメントの会」などでの活動を経て、大阪万博にかかわることになる。「お祭り広場」のための調査・研究を実施した「日本万国博イヴェント調査委員会」に参加するとともに、すでに述べたとおり、三井グループ館の総合プロデューサーとして手腕を発揮した。

中谷芙二子（一九三三―）は一九六六年から、ニューヨークを拠点とするE.A.T.（Experiments in Art and Technology）に所属していた。一九六〇年代、いわゆる「環境芸術」をめぐる世界的な潮流を代表していたのが、E.A.T.にほかならない。アーティストのロバート・ラウシェンバーグと、ベル電話研究所のエンジニアだったビリー・クルーヴァーによって一九六六年に設立され、六〇年代末までに世界各地にローカルグループが相次いで生まれた。E.A.T.はペプシ館のデザインおよび館内プログラムを手がけ[23]、中谷はその一員として《霧の彫刻》をはじめて発表することになる。「環境」に対する中谷のアプローチは、実験物理学者であった父・中谷宇吉郎から受け継いだ生来の関心に、E.A.T.での創作活動が交差するなかで具体化していった。中谷はその後、半世紀以上にわたって世界各地で《霧の彫刻》に取り組む一方、七〇年代にビデオひろばのメンバーとして活動したのち、一九八〇年から一九九二年まで「ビデオギャラリーSCAN」の運営に尽力した。日本におけるビデオ・アートの立役者のひとりである。

造形作家だった小林はくどう(一九四四―)は、機械仕掛けで動く彫刻《はくどうマシン》を一九六八年に発表している。これが大阪万博の三井グループ館に展示されることになり、山口と知り合う。また、お祭り広場では、磯崎新が設計したロボットを用いた演出を手がける一方、万博美術館の展示にも参加した。小林は大阪万博とのかかわりのなかで、映像に興味をもつようになった。一九七一年にはE.A.T.に参加し、中谷たちとともに《ユートピア Q&A 1981》を実現する。ストックホルム、ニューヨーク、アフマダーバード、東京の四都市をテレックスでつなぎ、各国の市民が国境を越えて参加した壮大な実験であると同時に、通信技術に媒介された広場をつくる試みでもあった。

日本国内でも一九六〇年代なかば以降、大阪万博に戦後日本の芸術が向き合うなかで、「環境」が重要なキーワードとして浮上していた[24]。その象徴として知られているのが、一九六六年に「エンバイラメントの会」が銀座松屋で開催した「空間から環境へ」展であり、総勢三八名のメンバーの中心にいたのが、ビデオひろばの命名者になる美術評論家・東野芳明(一九三〇―二〇〇五)である。

映像作家の松本俊夫(一九三二―二〇一七)は、せんい館の総合プロデューサーを務め、《スペース・プロジェクション・アコ》を制作する。作曲家でピアニストの一柳慧(一九三三―二〇二二)は、テーマ館、お祭り広場、タカラ・ビューティリオン、ワコール・リッカーミシン館など、数多くのパビリオンにかかわった。一九六〇年代に「映像芸術の会」に参加していた映像作家の宮井陸郎(一九四〇―）は、ペプシ館ミラードームのパフォーマンスに参加する。一九六六年にCTG（Computer Technique Group）を設立した幸村真佐男（一九四三―）は、石岡瑛子がデザインした大阪万博ポスターのCGを担当している。全員が大阪万博にかかわっていたわけではなく、ビデオひろばの主要メンバーにはほかに、万博破壊共闘派に参加したかわなかのぶひろ（一九四一―）や、さらに若い萩原朔美（一九四六―）、和田守弘（一九四七―二〇〇七）らがいた。

●――ビデオ・アートの日本的展開

中谷芙二子は一九七二年、はじめてのビデオ作品として《水俣病を告発する会――テント村ビデオ日記》を制作する。加害企業の前で抗議活動を行う若者たちを撮影し、その映像をその場で再生してみせるというものだ。ひとつの作品として完結することを積極的には意図せず、ビデオの同時性／再帰性を双方向的に展開することによって、送り手と受け手の流動化を引き起こし、個人の視点からの反応が促されるような環境づくりを目指していた[25]。中谷は『ゲリラ・テレビジョン』を日本語に翻訳し、美術出版社から一九七四年に刊行している。

それに対して、ビデオひろばは一九七三年に経済企画庁からの委託で、横浜市野毛地区において「ビデオによる新住民参加の手法」と題するプロジェクトを手がけ、住民に対するインタビュー調査をふまえて、その知見を行政に還元した。ビデオひろばは、ビデオを「社会的なメディア」と捉えたうえで、これを地域社会の運営に役立てる「コミュニティビデオ」を試み、市民と企業との共生を模索した。阪本裕文が指摘するとおり、そもそもビデオひろば結成の背景には、ソニーから機材の支援を受けるという実利的なねらいもあったことから、マスメディアに対する直接的な反抗の性格は希薄であった[26]。欧米では対抗文化(カウンター・カルチャー)としての色合いが強かったビデオ・アートを、もっとゆるやかで日常的なコミュニケーションの可能性を探る協働的プロジェクトとして、日本に定着させることを目指した[27]。

ビデオひろば以外の動きにも目配りしておきたい。大阪万博が開催された一九七〇年には、ドイツのハンス・マグヌス・エンツェンスベルガーが「メディア論のための積木箱」を発表している[28]。アメリカを発端とするビデオコミュニケーション運動との架橋を積極的に試みたのは、一九七〇年にTBSを退社し、テレビマンユニオンを設立した今野勉である。一九七三年二月、朝日講堂で「エンツェンスベルガー氏を迎えてのシンポジウムとヴィデオ・トーク」が開催され、今野がその構成と司会を担当した[29]。

また、映像作家の中嶋興(一九四一―)は、一九七〇年に「ビデオアース東京」という運動体の設立を宣言した、ビデオ・アーティストの先駆者のひとりである。中嶋は一九六七年、モントリオール万博の短編映画祭で銀賞を受賞しており、大阪万博ではリコー館と三井グループ館の映像ディレクションを経験している。

このように概観してみると、日本のビデオ・アートは、いわばポスト大阪万博のプロジェクトのひとつとして社会に姿を現したように見える。というのも一九六〇年代、大阪万博にむけて「前衛」や「ハプニング」、「インターメディア」や「環境芸術」といった概念で枠づけられていた実験的な取り組みが、一九七〇年代に入ると、万博という巨大な求心力を失い、現代美術や都市・建築は言うに及ばず、コマーシャルやファッションなどの商業的ないし広告的な表現領域にまで拡散していった。それに加えて、大阪万博が象徴する開発主義に対する反省が、ビデオ・アートを媒介として市民運動的な実践にまで波及していった。

ビデオひろばが発足した一九七二年は、有線テレビジョン放送法が成立した年でもあり、七〇年代を通じて全国各地にケーブルテレビ（以下、ＣＡＴＶ）の自主放送が根づいていくことになる。小林はくどうは後年、七〇年代初頭のカナダにおけるビデオ・アートとＣＡＴＶの協働に言及したうえで、日本の状況を次のように回顧している。

ところが、日本では一九七〇年ごろ、アーティストでビデオ制作をしている人は一握りでした。難視聴対策のケーブルテレビもありましたが、まだそんなに進んでいるわけではありません。学校や企業の教育メディアとして、一部使われていた程度でした。そんなことで、たまたま「ビデオ・ひろば」のメンバーたちが、日本では最初のビデオの作り手になってしまったということです。(30)

ただし、ビデオ・アートとのあいだに接点がまったくなかったわけではない。日本ではマクルーハンやフラーの思想にかわって、小林はくどうや中谷芙二子、中嶋興たちの活動が、ビデオ・アートとＣＡＴＶのあいだを架橋していたとも言える。

●――地方の時代へ

中谷は一九七〇年代、「日本CATV大賞」の審査員を務めており、CATVを活用したまちづくりにも積極的に参画していた。たとえば、北海道中川郡池田町が七〇年代初頭、行政主導でブドウ栽培とワイン醸造に取り組んで脚光を浴び、その成功をふまえて一九七五年にはCATVの開局にこぎつけているが、中谷はここにも深くかかわっている。財団法人日本地域開発センターの機関誌『地域開発』一九七六年三月号は、「まちづくり――地域にみる生活と文化の再生」という特集を組んでいるが、これは池田町で三日間にわたって開催された「まちづくりシンポジウム」をもとに企画されており、池田町の特集といっても過言ではない。このなかで中谷は「CATVでまちづくりをドーンとやってみよう!」という文章を寄稿している。

全国で六〇〇〇余りあるCATVのほとんどがNHKや民放の難視聴解消のために導入された再送信用システムである。その中で、ローカル番組の自主放送を併せて行っているところが三〇局余り。自主放送のみを目的として導入されたCATVは、全国でも池田町だけである。人と人とをつなぐメディアとして、本来の姿でのCATVの可能性を実験できるのは、この町をおいて他にはないのではないかと思う。

[……]

情報が即権力と結びつく計画社会の中で、行政と住民のオープンな関係、フェアな関係は最も重要であろう。コミュニティの健康を保つためのフィードバック回路として、自治体がCATV

を、今後どう方向づけしていくかは興味深い。住民自治をめざして果敢に実験を進めている池田町のこれからに、心から声援を送りたい[31]。

中谷たちの申し出によって、池田町のシンポジウムは、町内の半数に相当する約一五〇〇世帯に敷設されたばかりのＣＡＴＶで生中継された。その一方、中谷はシンポジウムの開催された三日間、ビデオを担いで町に出て、農家や商店主を訪問したり、街頭インタビューを試みたりしたという。路上で出会った老婦人たちに対するインタビューの手応えから、中谷は次のように述べている。

お年寄りがつくるＣＡＴＶプログラムは考えられないだろうか。いきがいセンターの談話室にでも、ビデオカメラを一台入れておけばよい。その場で撮れ具合をモニターできるから、気に入らなければボタンひとつで消すこともできる。

老人たちの聞き書きならぬ〈ビデオ語り〉で、地域の風土、人文、伝承などを再現し、地元にフィードバックするのは、難しいことではない。また老人たちが体験を通して培った生活の知恵を、ＣＡＴＶを介してヨコに淘汰してみるのも面白い。老人たちは知恵の宝庫なのだ[32]。

こうした視座は、生活の知恵、信条、夢という三つの質問を老人に投げかけ、その回答を記録した《老人の知恵――文化のＤＮＡ》[33]（一九七三年）を彷彿とさせる。それに加えて、商店によるＣＡＴＶの利用についても、中谷は次のように述べている。

地元の商店による広告は、そのまま地元住民の生活情報になる筈だ。しかしメーカーからの宣伝におんぶしていては、生きた情報の発生源とはなり得ない。商品チェックを通して、それぞれの店が〈選ぶ〉という作業を自主的に行うようになれば、商店間の健康な競争も生まれ、個性が勝負の決め手となる。

自分の情報をつくることによって、環境と積極的にかかわることなくして、生存はあり得ない。地元との密接な情報交換の場が開かれれば、フィードバック機能を通して予測が可能になる。メーカーのフィードバック機能の一部に組み込まれている限り、小売店の行く先は危ぶまれる。CATVが地元商店の広告に対して門戸を開くことは意外に重要なことなのかも知れない[34]。

「フィードバック」は制御工学に由来する技術用語で、電子映像の再帰的構造を言い表す際にも使われていたが、初期のビデオ・アーティストはこの言葉を、送り手と受け手のあいだのコミュニケーションにおける再帰性（自己反省性）という文化的な意味合いに横滑りして用いていた。ビデオアース東京の中嶋興もまた、一九七五年頃から全国各地のCATV局に足を運んでいる。中嶋は『電波新聞』の記事をきっかけに、日本各地に遍在するCATVの自主放送に興味をもち、みずから取材を始めたという[35]。ビデオアース東京は七〇年代のビデオグループのなかでも、CATVの可能性に注目することで、社会性の強いパフォーマンスに取り組んだ。

「地方の時代」が標榜された一九七〇年代、大阪万博を「映像博」に仕立てた立役者の多くは、こうして公害問題などを背景に中央集権的な開発主義から距離を措き、一九七五年の沖縄海洋博にはかかわっていない。ところが、七〇年代における「地方の時代」という惹句は、ポートピア'81を先駆とする八〇年代の地方博覧会ブームを招来する。そして一九八五年のつくば科学博においては、再び「映像博」という言葉が浮上することになるのだが、その内実は大阪万博とは大きく異なっていた。

1・4 「テレビ的」映像博としてのつくば科学博

●——エレクトロニクスの解放

ポートピア'81も、たびたび「映像博」と評された。たとえば、「ポートピア'81は『映像博』とも言われる通り、参加三二パビリオンの大半が映画やVTRなどの映像を展示に用いている」[36]といった具合である。具体的には、テーマ館の「ハイ・オービス劇場」、神戸館の「トライビジョン劇場」、ポートピアみどり館の「シミュレーションシアター」、ダイエーパビリオン体験劇場「オムニマックスシアター」、松下館の「タワーシネラマ」、川鉄地球館の映像ドーム、神戸プラネタリウムシアターなどの映像が話題を呼んだ。また、五月末には小松左京を運営委員長として、「ビデオアート国際シンポジウム」が開催された。「劇場」「シアター」「シネラマ」といった言葉に象徴されるように、この時点ではまだ、光学映像が主役であった。

つくば科学博も開幕前から、「映像博」であることが自明視されていた。たとえば、

つくば科学万博の展示内容は着着決まりつつあり、三井館は「滝のスクリーン」、電力館は「エ

ネルギーの源の旅」などエレクトロニクス技術の粋を競い合う。さながら映像博の感がある。[37]

国内出展館の大半は映像が出展の目玉、科学万博はいわば〝映像博〟だ。それだけに、どう観客にアピールする映像をつくるかが勝負どころ。[38]

「映像博」とも「ニューメディア博」とも言われるこの科学万博は、一体どのような体験を我々に与えてくれようとしているのだろうか。[39]

別名〝映像博〟とも云われるように、これまでの映像技術の蓄積の集大成の場でもあり、これからの映像技術の可能性の実験の場でもあるようです。[40]

といった具合である。とくに映画業界や放送業界が、「映像博」という別称を好意的に用いていたことは言うまでもない。通商産業省の担当者も開幕に先立って、「『つくば博』は情報博覧会であると同時に映像博覧会でもありますから、映像を駆使することによって現在の科学技術が国民にとって身近なものになることが期待されますね」と述べている。[41]

ただし、大阪万博やポートピア'81と大きく異なっていたのは、つくば科学博は「映像博」であると同時に、エレクトロニクスの祭典であることが強調されていた点である。

注目されるのは電子映像で、これは外国の開発したものが多いフィルム光学系に対して、いわばわが国の独壇場。ソニーが満を持して出展する「ジャンボトロン」がその代表格。［……］政府出展の多目的映像スタジオでＮＨＫがデモ公開する高品位テレビは世界に誇れる映像だ。また、「松下館」での偏光グラスを必要としない立体テレビ、「ＮＥＣ　Ｃ＆Ｃパビリオン」の本格的観客参加型劇場など、テレビの〝新時代〟をアピールする動向も目につく。

まさに〝映像博〟とでも呼べる映像展示の勢揃いだが、これは映像のもつ情報量の大きさによって、短時間に大勢の来場者を説得できるからにほかならない。[42]

このように、光学映像は海外の技術に依存しているのに対して、電子映像は国産技術に根ざしていることが強調された。政府館では、世界で初めてブラウン管による電子映像の受像に成功した高柳健次郎の実験装置も再現された。科学万博の趣旨にのっとり、電子工学による技術立国（＝電子立国）を謳うことが目指されたのである。

実際、大阪万博では率先して企業宣伝を抑制した松下館は、つくば科学博ではテーマを「エレクトロニクスが古代と出会う松下館」とした。内部に設置された「エレクトロホール」で、古代の衣食住、祭り、踊りなどを、エレクトロニクス技術を駆使して紹介するという趣向であった。

東芝館のテーマは「ヒューマンエレクトロニクス」。つくば科学博の全体を紹介するパンフレットには、東芝館について「展示ホールでは、エレクトロニクス機器の展示により、エレクトロニクスの役立つ様を体験[43]」と説明されているが、これだけでは具体的に何が展示されているのかさっぱりわからない。

そして、日本のエレクトロニクスの到達点を象徴していたのは、繰り返し述べているとおり、ソニーの「ジャンボトロン」であった。横四〇メートル、縦二五メートルの巨大カラー画面で、白昼下でも高画質・高輝度の電子映像を放映することができた。「パビリオン内の暗い部屋で見る映像を映画の系列とするなら、このジャンボトロンはテレビの系列と言える[44]」。

そして、政府出展施設には日本放送協会（ＮＨＫ）の高品位テレビ（＝ハイビジョン）が設置されることも決まった。開催一年前に行われた万博関係者による座談会の席で、政府出展総括プロデューサーの白根禮吉は、立体映像やＣＧなどの例を挙げたうえで、「多岐にわたる選択可能性が従来のテレビ放送のようなマスコミ映像とは違った新しい方向だと思うのですね」と発言しているにもかかわらず、話題はその後、ＮＨＫの高品位テレビへの期待に集中している。そして白根自身、「東京や大阪の特設会場に高品位テレビを設置して、そこに臨場感のある映像を送ろうとする試みなどは、非常に有効な使い方だと思うのです。そうすることにより、科学万博会場と同様の雰囲気を楽しめるわけですね」と話を合わせている[45]。結局のところ、テレビが育んできた技術や文化との相乗効果こそが、「映像博」の命脈だったのである。

●——電子映像への期待と挫折

ところが、国産のエレクトロニクスに根ざした電子映像は結局、つくば科学博における映像展示の主役にはならなかった。というのも、当初は電子映像による展示が主流になると考えられていたものの、「博覧会協会推定の一日一館約一万一〜二千人をさばく必要と電子映像製作および関連機材経費の関係から、再び大型映像の博覧会になってしまった」[46]からである。電子映像を大きく映出できる装置はまだ希少性が高く、光学映像に頼らざるをえなくなったのである。

具体的には、約二〇のパビリオンで光学映像の展示が主役で、アイマックス、オムニマックス、ジャパックスなどの最新技術が導入された。それに対して、大型の電子映像については、エキスポセンターに設置されたNHKの高品位テレビに加えて、野外と屋内のテレビジョン映像装置が三つずつであった。野外テレビジョン映像装置とは、北ゲート正面の三菱電機製「オーロラビジョン」、エキスポプラザの松下通信工業製「アストロビジョン」、そしてソニーの「ジャンボトロン」である。室内テレビジョン映像装置とは、松下館の「アストロビジョン」、三菱未来館の三菱電機製「スペクタス」、そしてNEC C&Cパビリオンの一三三インチビデオプロジェクタ二七台である。[47]

そこで、その他のパビリオンの多くは、コンピュータやシンセサイザーなどの利用を強調することで、エレクトロニクスの成果をアピールせざるをえなかった。たとえば、富士通パビリオンに設置されたドームシアターは、「超大形コンピュータシステム（FACOM M-380）がつくりだすオールCG全天周立体映画」であることが謳われた。

その結果、「一部では薄っぺらな〝映像博〟と陰口もささやかれはした」[48]「展示品ですが、各企業が何十億とカネを投資した割には内容が単一で、どれもこれもマルチスクリーン利用の映像ばかり。科学より映像博といったところ」[49]というように、「映像博」のネガティブな用法も目立つようになる。集英社館の総合演出を手がけた岡田晋も、次のように苦言を呈している。

かつて大阪万博の時、この新しい映像に取り組み、声を大にして映像の未来を叫んだ私にとって、たいへん喜ばしい、誇らかな気持である。だが一方、今回の科学技術博では、博覧会もそろそろ次の目標に向って、映像ばなれをしてもいいんじゃないか、いや、映像時代の博覧会もこれで終るのではないか――と想像していた。ところがフタをあけてみると、どのパビリオンも映像一色で、またまた映像博だと言われそうである。[50]

岡田によれば、博覧会映像は、①大型映像、②マルチ映像、③立体映像という基本形に落ち着き、新局面に展開したとは言いがたい。「映画、フィルムが、テレビ、ビデオに変身しても、映像がもちつづけて来た基本的性格」は変わりないという。[51] 前節で見たように、大阪万博にかかわった初期のビデオ・アーティストたちは当時、電子映像の新しい可能性として、社会的メディアあるいはコミュニケーションメディアのあり方を模索していたが、その成果がつくば科学博に還流することはほとんどなかったことになる。

●――企業宣伝の積極的展開

『実業の日本』一九八五年一月一日号は、「エレクトロニクスが家庭に浸透する直前のこの機会に、会社を広くPRしておこうというねらいで大変な意気込みである」と報じている。[52] すでに見たように、大阪万博の企業パビリオンでは直接的な企業宣伝が抑制されることになったが、つくば科学博ではなぜそれが可能になったのだろうか。

そもそも、つくば科学博の開催意義は次のように定められている。

（1）二一世紀を創造する科学技術のビジョンを内外の人々に示し、科学技術に対する理解を深める。特に青少年に未来の科学技術を正しく理解させ、優秀な人材を科学技術の分野に誘引する。

（2）博覧会出展を目標として、各企業、政府関係機関が集中的に技術開発を進める結果、我が国の技術水準を画期的に引上げる契機を与える。また、その結果、知識集約産業の育成に寄与し、経済発展にはずみをつける。

（3）科学技術の情報交換を世界的レベルで行うことができる。特に、発展途上国の人々にこれらの国に適合した技術開発のあり方を示すことができる。

（4）各分野において、科学技術を中心とした新しい文化が創造される契機となる。（例　建築、情報化、生活様式、都市計画、エネルギー等）

（5）筑波研究学園都市を世界的な科学技術の中心地として育成できる。(53)

出展企業は「科学技術」を「エレクトロニクス」と読み替えることによって、自社宣伝を全面的に打ち出すことが可能になったのである。たとえば、つくば科学博の松下館は、展示の随所に自社の技術紹介を織り込んでいる。館内で配布されたパンフレット（**図1・2**）から、いくつかの解説文を抜粋してみよう。

図1・2　つくば科学博「松下館」来場者向けパンフレット（1985年）

1　ホログラフィで映し出す遮光器土偶
何もない空間に立体的に浮き上がる、高さ三四cm・実物大の遮光器土偶。これは光の干渉・回析現象を応用したホログラフィ像です。東京工業大学・凸版印刷（株）、富士写真光機（株）の協力で開発したこの像は、再生にレーザ光線を使用。驚くほどリアルな立体映像を実現しました。

3　メガネなし立体テレビで体験する古代のくらし
メガネを使わない立体テレビで、コンピュータグラフィックスによる高床式住居のできる様子や、実写による古代人のくらしがご覧になれます。立体テレビで見る古代人のくらしは迫力満点。特にモリが自分のほうへめがけてとび出すシーンでは思わず息をのむほど。この立体テレビの映像は複数のVTRと高性能二型投写管で特殊二重スクリーンに映し出して、ものの側面も見ることができます。

4　平面テレビで見る、超指向性スピーカーで聴く——古代人のくらし

縄文時代、弥生時代の〈衣〉〈食〉〈住〉を三台のVTRを使ってわかりやすく紹介します。平面テレビの美しい映像と、超指向性スピーカのクリアな音で、当時の生活風景を存分にお楽しみください。

「古代人のくらし」自体よりも映像技術の解説に力点が置かれていることは明らかで、大阪万博では達成できなかった、見本市的な広告空間に仕上がっている。

●——放送人の積極的起用

すでに見たように、大阪万博では多くの前衛的な若手作家が映像制作に取り組んだが、つくば科学博では、映画業界で活躍する監督やプロデューサーなどに加えて、ベテランの放送人の起用が目立った。

たとえば、催事プロデューサーのひとりである樋口英樹は、NHKの放送総局主幹であった。樋口はそれまで、東京オリンピック、大阪万博、札幌オリンピック、沖縄海洋博に加え、五時間半に及んだ新幹線の全線中継、日本初となる元旦の富士山頂中継などを手がけており、「ニュースセンター9時（NC9）」（一九七四―八八年）の創設メンバーのひとりでもあった。

小さな国ではパビリオン参加は望めない。また「人間居住環境と科学技術」というテーマでは、「うちの国は残念ながら科学技術には関係がありません」と断られる。そこで出たのが〝映像参加〟のアイデア。「ジス・イズ・マイカントリー」というドキュメンタリー番組を作って参加してくださいと呼びかけた。二〇年間、報道畑を歩いてきた樋口さんらしい発想である[54]。

樋口の手腕によって、一九八八年に奈良県で開催された「なら・シルクロード博」に、NHKは主催団体の一員として参加することになる。NHKが八〇年代に放送していた「シルクロード」で培ったデータやコネクションを活かすためで、樋口自身の言葉を借りれば、「公共放送が一地方自治体の博覧会に主催者として参加するのは異例中の異例のこと[55]」であり、博覧会の収益には一切かかわらないという条件つきの参加であった[56]。

企業パビリオンでは、三菱未来館を例に挙げてみたい。総合プロデューサーは大阪万博、沖縄海洋博、つくば科学博いずれも、映画《ゴジラ》の設定を着想したことで知られる、東宝映画の田中友幸（一九一〇―一九九七）であった。大阪万博においては、翌一九七一年に《ゴジラ対ヘドラ》を手がけた坂野義光（一九三一―二〇一七）が監督を務め、特撮映画の関係者がその脇を固めていたのに対して、つくば科学博のプランニングスタッフには、恩地日出夫（映画監督）と嶋田親一（映像プロデューサー）が抜擢されていることが注目に値する。

恩地日出夫（一九三三―二〇二二）は、大阪万博では先述のとおり、電力館の映像展示を手がけたほか、電気通信館では非常勤の企画委員を務めた。一九六〇年代を通じて青春映画に新境地を拓いたが、テレビドラマ「傷だらけの天使」(一九七四―七五年)の監督としての手腕が高く評価されたことが大きな転機となり、その後はテレビに活動の拠点を移していた。なお、つくば科学博では松下館の映像監督も手がけている。

嶋田親一(一九三一―二〇二二)は、一九五〇年に劇団新国劇文芸部に入団後、一九五四年にはニッポン放送に開局と同時に参加し、ラジオプロデューサーとして頭角を表す。一九五九年にはフジテレビに開局と同時に異動し、テレビのディレクターおよびプロデューサーに転身。フジテレビからの出向で、新国劇社長などを務め、スタジオアルタ常務取締役などを経て、一九八二年にフジテレビを退社していた。

「科学技術に対する理解を深める」こと、「特に青少年に未来の科学技術を正しく理解させ」ること、あるいは「発展途上国の人々にこれらの国に適合した技術開発のあり方を示す」ことなどを目的とする以上、テレビ番組制作のノウハウを万博に導入することが期待されたのである。

●――「テレビ的」映像博の反省

一九八五年六月、つくば科学博を訪問したナムジュン・パイクは、ソニーの「ジャンボトロン」を唯一の例外として、ほとんどの映像展示に厳しい評価を下したという。『朝日ジャーナル』が伝えるところによれば、

たとえば、映写機二台を用いた鮮明な3D(立体)画像で犬と少女の交流を描いた「住友」には

「遠くのものが平面的になっている。立体的に見せる画像処理が必要ではないか」と苦言を呈し、3Dにドーム型スクリーンを加えて立体感をいっそう高め、宇宙の生成のさまを〝創像〟した「富士通」には「普通のSFXを立体にしただけ」と厳しい評価をした。［……］最新技術という謳い文句ばかりが独り歩きをしているのではないか。そんな批判が感じられた。[57]

パイクが酷評したのはすべて光学映像である。かたや「ジャンボトロン」については、「『映像』というものへの既成概念をつき崩すことは、氏本来の重要なテーマであり、屋外に突如出現したジャンボトロンは、「映像」を自然環境の一要素にしようという斬新な試みだ」として、パイクがこれを支持する理由を説明している。[58]

同年九月一五日、坂本龍一、浅田彰、RADICAL TV（原田大三郎＋庄野晴彦）によって、「ジャンボトロン」を使用した一夜限りのパフォーマンス《TV WAR》が行われた。つくば科学博を代表する成果のひとつとして現在では評価されてはいるものの、そもそも「人類の調和」を謳う万博の欺瞞性を暴露するには、戦争を主題にするしかないという発想から生まれたゲリラ的パフォーマンスであることを鑑みれば、「科学博」「映像博」というコンセプトの敗北であることは明らかだった。

パイクは翌一九八六年、ニューヨーク、東京、ソウルを衛星中継で接続したライブパフォーマンス《バイ・バイ・キップリング》を実施する。日本ではJCTVで生放送、テレビ朝日で録画放送が行われた。東京のスタジオには「ジャンボトロン」が設置され、坂本が司会を担当している。

要するに、万博ともテレビとも距離を措いたビデオ・アーティストたちとは別のやり方で、彼らは万博やテレビ自体を異化する実験を試みたわけである。大阪万博の電気通信館を手がけた今野勉は後年、TBSを休職してまで万博にかかわった理由について、「萩元と私は、テレビ局では不可能なテレビ、言ってしまえば、『TELE（遠くを）VISION（見る）』という本来のテレビジョンを、純粋な形で提示しようとした」と振り返っている。[59] それに対して、すでに見たとおり、つくば科学博にはこうした実験精神を発揮できる余地はなかったし、そもそもパイクが先鞭をつけたように、電子映像の実験場は万博でなくてもかまわない時代にさしかかっていた。

1・5　おわりに

映像が人びとの社会的記憶に大きな痕跡を残したという点で、大阪万博が大きな転換であったことはあらためて言うまでもない。吉見俊哉は、一九七〇年代以降における「映像の氾濫」の契機が大阪万博であったとして、この万博に関する映像を次の四つに分類している。[60]

（1）パビリオンのプロデューサーやアーティストが製作した展示映像
（2）スポンサーによる広報や記録のための映像
（3）テレビ局やニュース映画社が撮影した報道映像
（4）会場にやって来た観客が自分のカメラで撮影した映像

とはいえ、そのほとんどはフィルムを用いた光学映像であった。（1）については、本章でみたとおりである。（2）や（4）も当時はフィルムカメラが主流であった。（3）についても、テレビ局にENG（Electronic News Gathering）が定着するのは、一九七〇年代に入ってからのことである。したがって、ビデオによる電子映像が普及し、万博に関する映像が爆発的に増加するのは、大阪万博よりも後であった。こうした映像が、万博に関する集合的記憶を再生産する役割を果たしているとすれば、ここに大きな画期がある。当時のフィルムは劣化や散逸が進み、現存する映像資料はきわめて限定されてしまっている。

それに対して、すくなくとも日本に限っていえば、沖縄海洋博以降、格段に多くの電子映像がビデオで撮影され、ある程度は現存しているはずである。とくに一九八〇年代以降の万博研究を構想するうえでは、企業アーカイブズ、放送アーカイブズ、地域映像アーカイブズ、アート・アーカイブズなどの積極的な利活用を考えることが不可欠であろう。

［付記］　本章は、JSPS科研費18H00639, 19K02119, 22H00685に加え、小笠原敏晶記念財団の助成を受けたものです。

註

（1）『週刊朝日』一九七〇年二月二五日臨時増刊号、一四頁。
（2）吉見俊哉『博覧会の政治学――まなざしの近代』中公新書、一九九二年、二三八―二三九頁。
（3）萩元と今野は一九七〇年二月に企画委員を途中降板している。詳細は以下を参照。今野勉『テレビの青春』NTT出版、二〇〇九年。
(4)『実業の日本』一九六九年一月一日号、一二一頁。
(5)『財界』一九七〇年四月一日号、一一頁。
(6)『時評』一九七〇年五月号、五六頁。
(7)田坂博子「エクスパンデッド・シネマ再考」『エクスパンデッド・シネマ再考』東京都写真美術館、二〇一七年。古畑百合子「エクスパンデッド・シネマの実験と冷戦――松本俊夫とスタン・ヴァンダービークのコミュニケーション論」『新説 松本俊夫論』特定非営利活動法人戦後映像芸術アーカイブ、二〇二三年。
(8)丸之内リサーチセンター編『日本万国博事典』丸之内リサーチセンター、一九六八年、三五一頁。
(9)同前、五一五頁。
(10)同前、四四〇頁。
(11)詳細は以下を参照。飯田豊「大阪万博以後――メディア・イベントの現代史に向けて」飯田豊・立石祥子編著『現代メディア・イベント論――パブリック・ビューイングからゲーム実況まで』勁草書房、二〇一七年。
(12)詳細は以下を参照。飯田豊「大阪万博における企業パビリオンのブループリント」佐野真由子編『万博学――万国博覧会という、世界を把握する方法』思文閣出版、二〇二〇年。
(13)『日本万国博――日本万国博覧会会報』一二号、一九六七年、二五頁。
(14)恩地日出夫『「砧」撮影所とぼくの青春』文藝春秋、一九九九年、一九二頁。
(15)瓜生忠夫「モンタージュ考(6)」『映画テレビ技術』一九七一年一一月号、一二三〇―一二三一頁。
(16)山田和夫「万博映像論」『映像文化とその周辺』啓隆閣、一九七五年、二六―二七頁。初出は『文化評論』一九七〇年八月号。
(17)小松左京・星新一・手塚治虫「現地座談会 万国博なにがよかったか?」『週刊少年マガジン』一九七〇年四月一二日号、七―九頁。
(18)詳細は以下を参照。飯田豊「マクルーハン、環境芸術、大阪万博――60年代日本の美術評論におけるマクルーハン受容」『立命館産業社会論集』四八巻四号、二〇一三年。

(19) Youngblood, Gene, *Expanded Cinema*, E.P. Dutton 1970.

(20)『読売新聞』一九七〇年六月一八日付夕刊、七面。

(21) 山口勝弘「大阪万博から七〇年代へ」『美術手帖』一九七八年七月号増刊、二二二頁。

(22) 馬定延『日本メディアアート史』アルテスパブリッシング、二〇一四年。

(23) ただし、スポンサーからの通告によって、会期途中で運営からの撤退を余儀なくされる。

(24) 椹木野衣『戦争と万博』美術出版社、二〇〇五年。

(25) 阪本裕文「メディアに対する批評性――初期ビデオアートにおいて」、伊奈新祐編『メディアアートの世界――実験映像1960-2007』国書刊行会、二〇〇八年、七三―七五頁。

(26) 同前、七三頁。

(27) 中谷は一貫して、多くの美術家や科学者たちとの協働を通じた集団創作、あるいはオープンなコミュニケーションに媒介されたネットワーキングに取り組んできた。クルーヴァーはE. A. T. の活動目標として、「産業界に資金面の援助ばかりでなく、制作に必要な素材や設備、さらにエンジニアや科学者の提供を求めて、現代芸術作成のプロセスへの援助を呼びかけること」と、「科学技術分野と芸術分野間における個人レベルでの緊密な共同作業を可能にするということ」を掲げていた（B・クルーヴァー「新しいテクノロジーと芸術家――E. A. T. の活動にみる」中谷芙二子訳、『美術手帖』一九六九年四月号）。支援の対象をビデオ・アートの制作や流通に置き換えれば、中谷がビデオひろばやビデオギャラリーSCANを通じて取り組んでいた活動と理念的に通底している。

(28) H・M・エンツェンスベルガー『メディア論のための積木箱』中野孝次・大久保健治訳、河出書房新社、一九七五年（原著は一九七〇年）。

(29) シンポジウムのパネリストは、エンツェンスベルガーのほか、佐々木守、東野芳明、原広司、寺山修司、鈴木志郎康、津村喬、中平卓馬、針生一郎。その詳細は、『芸術倶楽部』一九七三年七月号に掲載されている。以下も参照。今野勉『今野勉のテレビズム宣言』フィルムアート社、一九七六年。

(30) 小林はくどう「メディア・アートの展開──「ビデオ・ひろば」とその後」、松本透ほか『戦後の日本における芸術とテクノロジー』文部科学省科学研究費補助金研究成果報告書、二〇〇七年、六七頁。
(31) 中谷芙二子「CATVでまちづくりをドーンとやってみよう!」『地域開発』一九七六年三月号、四九頁。
(32) 同前、四八頁。
(33) 小林はくどう、かわなかのぶひろ、森岡侑士との共同制作。
(34) 中谷、注(31)前掲論文、四八─四九頁。
(35) 詳細は以下を参照。飯田豊「四畳半テレビ──CATVとビデオ・アートが夢見た「コミュニティメディア」」、日高勝之編著『1970年代文化論』青弓社ライブラリー、二〇二二年。
(36) 『ASCII』一九八一年五月号、五八頁。
(37) 『週刊ダイヤモンド』一九八三年一〇月一日号、二二頁。
(38) 『商工ジャーナル』一九八四年四月号、一四─一五頁。
(39) 『放送文化』一九八四年七月号、六〇頁。
(40) 『映画テレビ技術』一九八五年三月号、一〇二頁。
(41) 『通産ジャーナル』一九八五年三月号、六二頁。
(42) 『宣伝会議』一九八五年三月号、四四頁。
(43) パンフレット「科学万博──つくば'85 人間・居住・環境と科学技術」国際科学技術博覧会、一九八五年(非売品)。
(44) 『放送文化』一九八四年七月号、六一頁。
(45) 大高正人・白根禮吉・樋口英樹・伊原義徳・内田勇夫「座談会 期待に応える科学技術の祭典を」『プロメテウス』三九号、一九八四年、四八─四九頁。
(46) 『映画テレビ技術』一九八四年八月号、九九頁。
(47) 寺島主明「EXPO'85の映像展示」『電気通信』一九八五年三月号。
(48) 『エネルギーレビュー』一九八五年一月号、四八頁。

(49)『世界週報』一九八五年三月一九日号、七二頁。
(50)岡田晋「博覧会映像の未来」『青春と読書』一九八五年四月号、六六頁。
(51)同前、六七頁。
(52)『実業の日本』一九八五年一月一日号、六八頁。
(53)『国際科学技術博覧会概要』国際科学技術博覧会協会、一九八二年、二四頁。
(54)『放送文化』一九八五年一月号、二三頁。
(55)桐山秀樹「「博覧会」は地域を変えられるか」『プレジデント』一九八八年六月号、二二四頁。
(56)樋口英樹「NHK関連企業「総合ビジョン」のイベント戦略を聞く」『月刊民放』一九八九年二月号。
(57)『朝日ジャーナル』一九八五年七月一九日号、三五―三六頁。
(58)同前、三六頁。
(59)今野、注(3)前掲書、四〇四―四〇五頁。
(60)吉見俊哉「大阪万博と記録映画の終わり――成長の時代と言葉の敗北をめぐって」、丹羽美之・吉見俊哉編『記録映画アーカイブ3 戦後史の切断面――公害・若者たちの叛乱・大阪万博』東京大学出版会、二〇一八年。

第2章　未完の〝万都市博〟
――東京世界都市博における泉眞也の構想をめぐって

江藤光紀

2・1　はじめに

日本の万博史において、泉眞也（一九三〇―二〇二二）が果たした役割はきわめて大きなものがある。泉は一九七〇年に大阪で開かれた日本国博覧会では会場計画段階から携わり、娯楽地区の基本コンセプトを手がけた後、東芝館のプロデュースなどを務めた。沖縄の本土返還を記念した一九七五年の沖縄海洋博では政府出展の水族館（現在の美ら海水族館の先行施設）の展示の専門プロデューサーなどになっている。一九八五年、研究学園都市筑波で開かれた国際科学技術博覧会では国際博覧会事務局（ＢＩＥ）に提出する基本プランの作成に構想段階から加わり、プロデューサーとしても数多くのパビリオンを手がけた。一九九〇年に大阪の鶴見緑地で開催された花と緑の博覧会、二〇〇五年に愛知で行われた日本国博覧会、通称「愛・地球博」では、総合プロデューサーとして尽力している。

こうした経験から「博覧会のことは泉さんに聞け」と言われるほど、泉は博覧会プロデュースのプロ中のプロとみられるようになる。しかし泉がどのような博覧会思想をもち、それをどう現場に反映させたかについては、これまであまり知られてこなかった。

それにはいくつかの理由がある。泉はしばしばみずからを「環境プロデューサー」と称した。博覧会のようなイベント事業において「環境」とは主に「場」を指し、その「場」は会期終了後には大部分が取り壊される。基本コンセプトや趣旨は言葉として残るが、国や自治体といった行政が主催する大型イベントでは個人名ではなく委員会名としてクレジットされるし、全体のテーマが個々の展示に与える影響も定量的に測れるわけではない。プロデューサーの仕事や影響力を後からさかのぼって確認することは、まずもって物理的に難しいのである。

またたとえば泉がたびたび協業したメタボリストたちの運動には都市や建築の「新陳代謝」という基本イメージがあり、それが建築や都市計画プランとして表明されたが、そのような意味での特定のイデオロギーや主張を泉はもたなかった。泉にとってもっとも重要なことはクライアントの意図に適切なかたちを与えることであり、プロデュースやデザインは実現不能なSF的アイディアの表明の手段ではなかった。とはいえそれは思想がないということではない。世の流れ、最新の技術や知識をキャッチアップしながら、時代の半歩先を読んで最適のプランニングにまとめあげる。泉のデザイン思想、博覧会思想を支えているのはそうしたプラグマティズムである。

さらに個人事務所をかまえることも、特定の会社に所属することもせず、みずからの思想を実現するための具体的な組織体をついぞ作らなかったことも、泉の仕事を見えにくくしている。研究会やフォーラムなどを主宰して、みずからの周囲に関心を同じくする人びととの緩やかなつながりを作り、そうした人びととの交流を通じて情報やアイディアを醸成し、時には助力を仰ぎ、プロジェクトを実現するのが泉の流儀であった。そのしなやかさは、さまざまな主張や利害が絡み合う博覧会をまとめていくにも適していたと考えられる。

泉の方法論は現実に即応していたために、これだけ多くのプロジェクトを任されたのであろう。とするならばその思想の成り立ちと変遷を明らかにすることは、万博を通じて日本社会がその時々でどのような課題にぶつかり、それらをどう乗り越え、未来を思い描いたのかを読み解く作業にもつながっていく。泉の関心は早くから都市や道路といった社会インフラにもむけられていて、その視野は日本の国土計画や国際社会における役割にまで広がっていた。万博とはそうした近未来社会のあるべき姿を実現する、いわば小さな実験場だったからである。

筆者はこれまで泉の仕事についていくつかの論考を書いてきたが[1]、本章ではそうした関心の延長で一九九六年に開催されるはずだった東京世界都市博覧会を取り上げ、分析してみたい。周知のとおり都市博は、旗振り役だった鈴木俊一の後継知事選挙で、開催中止を公約に掲げた青島幸男が勝利したために、最終段階でとりやめになった。

万博ではない、しかも実現すらしなかった博覧会を万博史に位置づけるとは奇妙にみえるかもしれないが、この博覧会は万博を意識し、万博をバージョンアップする博覧会として構想された。推進者は副知事時代にオリンピックを手がけ、大阪万博では事務総長を務めた鈴木をはじめ、堺屋太一、丹下健三といった大阪万博の中心人物であり、都市博は発案当時、万博、オリンピックに次ぐ第三のイベントという位置づけを与えられていたのである。そのきっかけを、鈴木俊一は次のように回想している。

［……］今までの博覧会は仮のパビリオンをつくって、博覧会が半年で終わったら、それをみんな壊すということが国際博覧会条約による大原則なんです。ところが世界都市博というのは、実物博覧会。臨海副都心に例えば国際展示場（現東京ビッグサイト：引用者注）というものができた。こういうものを活用して、そこにいろいろな出展物を展示する。そして、都市としての臨海副都心のいろいろな施設を博覧会にきた人が見聞し、飲食をし、泊まって体験をして帰る。そういうものにしたいというのが、堺屋太一君の発想であり、丹下健三氏などもそれに賛成した。堺屋君が私のところに非常に大部の報告書を出してきて、こういう形でやってくださいと。これはオリンピック、万国博覧会に次ぐ第三の国際的な行事であると。これを是非やってほしいといってきた。第三の国際的行事というのは何かというと、博覧会そのものの基礎にあるんです。それはアーバン・フロンティア・ムーブメント（都市先端建設運動）であるというんですね。その言葉は丹下健三氏の言葉です。(2)

この計画はまだ未利用だった東京湾の埋立一〇号地、ならびに一三号地を開発する臨海副都心計画とともに立案され、その都市づくりをリードするものと位置づけられていた。万博のような大型プロジェクトは、歴史的に国土計画と結びついてきた。東京湾の埋立地を舞台とした先例は、やはりこれも日中戦争の激化によって流れてしまった一九四〇年の万博がある。そこから半世紀以上の時を経て、いまや世界都市として発展した東京が、高度な情報都市化時代をにらんだ臨海テレポート地域から新しいタイプのイベントを一方では世界にむかって、また国内向けにもアピールする。そこには副都知事として東京オリンピックをとりまとめ、大阪万博の事務総長も務めた鈴木の、キャリアの総仕上げという政治的野心もあっただろう。

万博・オリンピックに次ぐ第三の国際プロジェクトは「東京フロンティア」と名づけられ、東京都市博はそのコアイベントに位置づけられた。しかしバブルの崩壊、一九九一年の都知事選をめぐる鈴木自身の軌道修正もあり、臨海副都心開発も「東京フロンティア」も計画の変更を余儀なくされる。開催時期は当初予定の一九九四年から一九九六年へと後ろ倒しされ、規模も縮小されるなかで継続的な都市の文化発展運動というプロジェクトは、期間限定の大型国際博覧会＋関連イベントという形式に変更されるのである。

泉が総合プロデューサーに就任するのは都知事選後の計画縮小の局面においてであるが、もともと都市や道路に関心をむけてきた泉にとって、都市をテーマに据えた博覧会はまさにライフワークとも言うべきものであった。泉は基本コンセプトの策定からゾーニングや目玉となるパビリオンまで、みずからの経験と思想を集約するようにこの博覧会を設計した。国が単位となる「万国博覧会」から都市が単位となる「万都市博覧会」へと変わるべくさまざまなアイディアが盛り込まれているが、それは都市や交通といった観点から世界に視野を広げてきた泉の見識を反映したものである。また集客のかなめとなる祝祭、娯楽の仕掛けについては、それまでの万博や大型博で培った手法を時代にあわせて進化させているが、本章ではそれをメインとなるパビリオン、とりわけ集客の目玉として計画されたオイコスパークの分析を通じて明らかにする。

都市博は一九九五年の東京都知事選を制した青島幸男の決断によって中止に追い込まれる。泉は関係者に広がった衝撃の大きさを「最後の猛烈な追い込み」に入って、「一番加速のついたこの時期に、全システムが突然ロックした」と表現している。もっとも強く無念を感じたのは泉自身であったろう。

都市博の後、泉は愛知万博でも総合プロデューサーを務めているが、このふたつはともにバブル時代の博覧会ブームのなかで構想され、片方は中止に、片方はたび重なる計画変更を経て実現した。ふたつの事例はバブルを背景に博覧会ブームに沸いた一九八〇年代が過ぎ、博覧会をめぐる時代環境が大きく変わったことを意味している。そこで問題となるのは、泉がこの社会情勢の変化をどのように受け止め、博覧会をどう時代にキャッチアップさせたかという点であろう。愛知博との比較検討は今後の課題となるが、本章では都市博中止という政治決断が万博史において何を意味しているのかを考察し、ここで生じた時代の変化について簡単に私見を述べたい。

2・2　泉眞也の〝都市論〟

本節ではまず泉のキャリアを簡単に振り返った後、都市博のプランが検討されはじめた一九九〇年代初頭に泉が都市についてどのような思考をめぐらせていたのかを確認する。

泉は東京芸術大学の工芸デザイン科の一期生として卒業後、キヤノン初の工業デザイナーとしてキャリアをスタートさせ、技術スタッフと綿密な打ち合わせのもとに設計したカメラやビデオカメラのデザインで第一回グッドデザイン賞を受賞するなど、工業デザインの草創期から頭角を現した。また一九六〇年には世界デザイン会議に参加し、浅田孝をはじめメタボリストらと交流をもっている。一九六二年にキヤノンを退社した後は、フリーのデザイナー、評論家として活動を始めるが、東京大学丹下研究室を離れて環境開発センターという都市プランニングのシンクタンクを立ち上げていた浅田経由で、全国の住居表示板と高速道路標識のデザインを手がけたことで転機が訪れる。企業のマーケティングやコストに大きく制約される工業デザインから、泉の視野は一気に都市や道路、さらには国土のデザインにまで広がっていくのである。

一九六〇年代中盤より泉は丹下研やメタボリストらと協業してこどもの国の園内デザインや大阪万博の会場計画などに携わるが、同時に道路標識の仕事を通じて知己を得た道路公団の職員やビジネスマンらとグループasuという研究会を主宰し、彼らとともに世界各国の都市や道路を視察(この視察旅行は後に岩波映画で「世界の道路と都市」という記録映画にまとめられた)、その成果をもとに、高度経済成長期にある日本の将来像を描き、国土開発についての提言を発表している。グループasuの人脈のなかでも特筆すべきは国土事務次官を務め、全総の策定にも深くかかわった下河辺淳との関係であったろう。下河辺はメタボリストや泉を適材適所に起用したが、そうした仕事のなかには万博のプランニングも含まれていた。

さて、大阪万博は日本人が体験したはじめての大型国際イベントで準備は手探りのなかで進められたが、そこで培われたノウハウはメンバーや関連企業が継続的に博覧会を手がけることで受け継がれ、蓄積されていった。一九七五年の沖縄海洋博と一九八五年のつくば科学博のあいだには、大成功を収めた最初の大型地方博である神戸ポートアイランド博（一九八一年）があり、これを万博の系譜のなかに置くと、日本では大阪万博以降、ほぼ五年に一度のペースで大型博が開催されていたことになる。また一九八〇年代後半には市制施行一〇〇周年にあたる一九八九年に向けて、各地で地域経済の活性化や街おこしの取り組みがなされたが、その際多くの自治体が選んだのがその土地の強みを生かした博覧会で、バブル景気に沸くなか、博覧会は大きなブームとなっていく。

全国各地に広がる博覧会ニーズに応えたのは電通をはじめとする広告代理店であった。博覧会のノウハウのない自治体に彼らはテーマから集客までをひとつのパッケージとして売り込むことで、各地でビジネスを成立させていった。しかしこうした手法は博覧会の均質化を生み、似たり寄ったりの博覧会が金太郎飴のように再生産されているという批判を生んだ。こうした批判に対して、通商産業省は一九八九年に特定博覧会制度（ジャパン・エキスポ）を策定して質の安定化が図られた。ジャパン・エキスポは一九九二年から二〇〇一年までに全一二回が開催され、一九九〇年代の博覧会シーンの中核を担ったが、いずれも入場者数が二〇〇〜三〇〇万人程度の規模であった。二〇〇〇万人という都市博の動員目標は同時代において他を圧し、万博に比肩しうるものだった。

さて、一九八〇年代後半の博覧会ブームのさなか、泉はつくば科学博、大阪花と緑の博覧会というふたつの万博以外にも、一九八九年にはふたつの大型地方博――一三〇〇万人を動員した横浜博覧会YES'89（総合演出プロデューサーとして）、一五〇〇万人を動員した名古屋デザイン博覧会（栄久庵憲司とともに総合プロデューサーとして）も手がけており、文字どおり博覧会プロデュースのトップランナーとなっていた。

個人事務所ももたなかったことを考えれば超人的な仕事量であるが、電通が泉の能力を評価しさまざまな便宜をはかっていたようである。泉は電通に私設オフィス（「泉部屋」と呼ばれていた）をもちながら、企業の論理に縛られず自由に活動したが、さまざまなアイディアや人脈をもつ泉が近くにいることは電通にとってもメリットがあっただろう。両者の協力関係は一九八〇年代前半に始まった「泉フォーラム」にもみられる。電通のバックアップを受けたこのフォーラムでは泉の関心にあわせ登壇者がプレゼンを行い、電通の関係者が気に入ると自社のプロジェクトに起用した。それは人材の見本市のようであった、とメンバーだった山根一眞は語っている。またCI（コーポレート・アイデンティティ）戦略を手がけていた福井昌平は、「博覧会屋ばかりだ」という電通幹部の意を受けてフォーラムに参加するようになった。福井はこの後、東京都市博の原案作りにはじまり、山陰・夢みなと博覧会、北九州博覧祭、愛・地球博などを泉と手がけていくことになる。グループasuが交通・国土・都市計画、建築、情報、工業デザインなどにかかわる官僚やビジネスマンからなる同世代の研究グループだとすれば、「泉フォーラム」は博覧会やイベントを作っていくうえで重要なアイディアを醸成し、次世代を担う人材を育てていく場となった。

都市博構想が明らかになる時期に電通総研が作成した「ハビテーション研究　快適想古学　～泉フォーラム～　一九九二」という映像は、当時の「泉フォーラム」の雰囲気を伝える貴重な資料であるだけでなく、都市博準備が進むなか、泉がどのような関心をもっていたのかを伝えてくれる。

ハビテーションとは住まいを都市との関係性、生活の快適さという観点から捉えなおそうというものので、フォーラムではその知見を古代の遺跡研究を通じて深めていた。この映像では都市の原型をトルコ中部アナトリア湖のチャタル・フユックの八五〇〇年前の遺跡を通じて、さまざまな参加者がそれぞれの視点から古代都市の〝快適さ〟を考察している[3]。

「快適想古学」において泉は、都市は人間が最初に作った文化装置であるという前提のもと、過去一〇〇〇年間にわたり生産力の基盤として考えられてきた都市は、そこに生きる人びとの生活を充実させるために作り変えられるべきだと主張している。続く各論では、職住近接した古代人のゆったりした生活、遺跡都市と現代の都市のスケールの比較、都市における宗教や儀礼の役割など、学術的な考察に基づくものから、忙しい現代人の生活に潤いを与えるためのヒントを見つけようとするものまで、発表者それぞれの視点から古代都市が自在に論じられている。

また電通総研は一九九一年から翌年にかけて、さまざまな分野の文化人・知識人を集め連続シンポジウムを開催したが、泉もパネラーの一人として二一世紀の都市について語っており、この時期の彼の都市論としてまとまっているので、ここで紹介しておきたい[4]。

泉によれば二〇世紀は工業化を通じて都市が形成された時代であり、農業が農場によって、工業が工場によって営まれてきたとすると、二一世紀には都市が情報じょう、、、、情報ば（場）になる時代である。人を惹きつける都市には森のような多様性があり、五欲を満たしてくれると同時に経済的な成功のチャンスがあって、人が集まることによってさらに人が集中する。何かを作り出す工場とは異なり、都市はそのなかで材料そのものが醸造されるようにみずからの力でみずからを変えていく壺のようなものだ、と述べている。

また都市空間は単なる座標軸で捉えられるものではないから、都市づくりにあたっては空間のメッセージ性を考慮に入れなければならない。たとえばエッフェル塔は単に技術の高さを示しているのではなく、王から市民へと社会の主役が交代する時代の象徴でもあり、都市にはそうしたランドマークが必要である。現代であれば公共空間へのエレクトロニクスや映像、アートの組み込み、時間の変化によって生まれる空間演出、人のあいだにコミュニケーションが生まれてくるような場や未来を感じさせる場の創出などが空間にメッセージ性を与える方法として挙げられる。これらをわたしたちは泉のプロデュースした博覧会場内にも見出すことができるだろう。

泉は世界各地を精力的に視察することで、空間プロデュースについてのさまざまなアイディアをストックしていた。この講演録ではシドニーのオペラハウス、ロッキー山脈のデンバーの湧き水、環境アーティストのクリストの「囲まれた島々」プロジェクト、イギリスのドックラウンズの街づくりなどを取り上げている[5]が、泉は視察旅行で撮った膨大な写真をアーカイブ化し、執筆やプレゼンに用いていたという。インターネットが普及した現代においてすら、現地に行かないとわからないことは沢山あるが、とくに空間や環境の文化的な意味を読み解く作業は現場でないと不可能で、それがまた新しい空間づくりのアイディアの源泉となるのである。

泉の語りにはグローバリゼーションや都市といった大きなスケールから極微の視点まで、対象にあわせて焦点深度を動かす自在さがある。工業デザインからスタートした泉は浅田から「これからはコンマ何ミリというところから、日本全体を手掛けるような仕事をやれ」とはっぱをかけられたというが、古代から未来まで、国土計画から私的なプライベートな空間まで、時間軸・空間軸を自由に伸縮させる思考の運動は、そうしたキャリアと関係があるのだろう。都市博は全体プランから来場者の休憩所などの細部まで、泉の都市に対する一連の思索を実験都市へと反映させる千載一遇の機会だったのである。

2・3　世界都市博覧会、開催までの経緯

東京湾の埋め立てを歴史的に振り返ったとき、都市計画や博覧会との奇妙なまでの親和性を感じずにはいられない。すでに述べたように埋立地と博覧会がセットで考えられたのは世界都市博がはじめてではない。一九四〇年は神武天皇の橿原神宮での即位から二六〇〇年目にあたり、これを記念して日本各地でさまざまな祝祭行事が行われたが、当初その目玉として計画されていたのが万博で、晴海や豊洲で開催される予定だった。しかし会場計画がほぼできあがり、ＢＩＥへの働きかけや各国への招致活動が行われるさなかの一九三八年に、日中戦争の激化を受けて延期（事実上の中止）となった。

戦後、東京湾は港湾や空港の整備に始まり、ごみや浚渫土砂の処理場として埋め立てが進められていったが、この地をどう活用するかについても、首都圏の急速な経済発展と人口増加に伴う過密問題と絡めた総合プランが続々と発表される。

その最初は民間の研究機関・産業計画会議が一九五九年に「東京湾二億坪の埋め立てについての勧

告」において発表した「ネオ・トウキョウプラン」だろう。これは遠浅の東京湾を陸地に沿って馬蹄形型に埋め立ててから、湾内中央部に六〇〇〇万坪の人口島を作り居住区や工場地区を整備することで、東京をアジアの経済の中心へと発展させるというものだった。

一九六一年には丹下健三が「東京計画一九六〇」を発表する。東京湾上に「都市軸」と名づけられた空中都市を設置し、その内側にオフィスや公共施設を、外側には住宅棟を配し、周囲を交通網で囲むというものだ。一九六一年になると菊竹清訓が「東京湾計画一九六一」を、黒川紀章が「東京計画一九六一——Helix計画」を発表している。これらはいずれも当時の技術力では不可能な埋め立てや空中建築、水上建築を想定しており空想的な印象を受けるが、逆に言えば東京湾とはそのように都市プランナーの想像力を刺激するトポスだったのである。

また鈴木俊一は副都知事時代に、千葉出身の大物政治家・川島正次郎からしばしば「東京と千葉で一緒になって万国博覧会をやろうじゃないか。そのときに都県境の臨海部に会場を作ってやったらどうだろうか」ともちかけられたという。この案はオリンピックを東京でやったのだから万博は大阪へという池田勇人総理大臣の意向で流れている[6]。

東京湾活用と開発についてはその後もさまざまなプランが発表され、東京テレポート構想が浮上する一九八〇年代なかばにはメタボリズムに関係する建築家だけでも、一九八五年に丹下が「東京計画一九八六」で、東京湾上に三都県のいずれにも属さない特別市を作り、国際・情報・金融・業務のコアとなる街を作るというアイディアを披露した。また一九八七年には黒川紀章が東京湾海底のヘドロを浚渫、東京湾の中心部に固めて人工島を作り、都内の密集状態を緩和、防災などにも役立てる「東京計画二〇二五」を発表している。

一九八〇年代なかばにいろいろな東京湾活用プランが出てきた背景には、いまだ利用の目途の立っていない臨海埋立地を積極的に開発しようという国の意向があり、埋立地の所有者であった都は、国の動きを抑えるため利用の目途を早急に決める必要に迫られた。そこでスポットがあたったのがシーポート（東京湾）、エアポート（羽田空港）に続くテレポート、つまり情報集積港を、東京湾一〇号（現在の有明エリア）、一三号地（現在の台場、青海エリア）に展開しようという構想だった。ロンドンやニューヨーク、トロントなどを範にしたテレポート構想は、一九八五年東京での世界テレポート連合創立をきっかけに起こり、当時は大阪や横浜も名乗りを上げていたが、結局東京の案だけが臨海副都心開発計画へと発展する。その開発の先に博覧会プランが登場するのだが、こうした歴史をたどると、関係者たちの頭のなかでは「開発（埋立）―博覧会―都市づくり」が三位一体となって結びついていたように見える。

臨海副都心開発とならぶ都市博のもうひとつのルーツは、イベント集合体としての「東京ルネッサンス」である。「東京ルネッサンス」とは、鈴木都政の成果が現れてくるなかでそれぞれの記念行事や文化事業を有機的に関連づけ、東京の将来の文化環境を作るプランの総称で、一九八九年から九四年にかけて展開されることになっていた。

「東京ルネッサンス」企画委員会は一九八七年一〇月に第一回の会合を開いているが、このタイミングは葛西臨海水族園や都立武道館などの新施設の竣工や都政において節目となる記念年を控え、現在のイチョウの葉のデザインである東京のＣＩが制定される（一九八九年）など、東京が国際文化都市へと変貌していく時期にあたっていた。東京ルネッサンスでは新施設や記念事業を三段階に分けて組織し、それぞれの段階にリーディングイベントを設定した。第一段階では「都市の歴史イベント」をテーマに「江戸東京四〇〇年記念事業」「東京港開港五〇周年記念」が、第二段階では「都市づくりのイベント」をテーマに「東京都芸術文化会館（現・東京芸術劇場）完成記念」「新都庁舎（シティホール）完成記念」「江戸東京博物館完成記念」が計画された。そして第三段階で「東京からの発信」をテーマに「多摩地域東京移管一〇〇周年記念」とならんで現れたのが、「東京世界都市博覧会」構想なのである。[7] 都市博は臨海副都心の開発をシンボライズするとともに、「東京ルネッサンス」のトリを飾る大型プロジェクトとして、両者の接点に浮上してくるのである。

この東京ルネッサンス企画委員会の提言を受けて、東京世界都市博の具体的な内容を定めるために最初の基本構想懇談会が開かれたのは、一九八八年一二月一日のことである。このなかで、博覧会は国際博覧会規約に基づかない方式で開催するという案が出された。「東京ルネッサンス」の最終年度（一九九四年）まで国際博覧会協会が新規の登録を受け付けていないという事情もあったが、あえてBIEに申請せず、制約を受けない自由な発想のもとに展開すべきという意見も出た。

この懇談会の座長は丹下、また委員には堺屋太一も名を連ねていた。堺屋は懇談会で、「東京で開く巨大なイベントといたしましては、従来の博覧会の概念を払拭して、人類に全く新しい行事の概念を残すべきだろう」「オリンピック、万国博覧会に続く第三の世界行事を、二〇世紀の最も繁栄した日本として世界に人類に残していく、そういった思いをこめて、従来の博覧会をはるかに超えた概念にすべき」「博覧会という名称がいいのかどうか。何か博覧会といいますと、日本では一つの定着した概念がございますので、それも含めて今後検討すべきではないか[8]」などと発言している。

一九九〇年四月に発表された『東京フロンティア基本計画』で、〝博覧会という定着した概念を覆す人類に全く新しい行事〟は国を基本単位とする万博に対し、都市を基本とする「都市フロンティア」と名づけられた。このイベントはオリンピック、万博に続く三つ目の国際行事であり、いまや世界都市へと発展を遂げようとしている東京が、新時代のプロジェクト「都市フロンティア」の最初の担い手となって「東京フロンティア」を開催するが、今後、世界の各地でそれぞれの都市名を冠した「都市フロンティア」が開催されるだろう、と[9]。「東京フロンティア」は「都市・躍動とうるおい」をテーマに、恒久施設中心のライブステージと仮設施設中心のトライアルステージで構成し、一九九四年四月から二〇〇日程度の開催で二〇〇〇万人の入場者を目標に掲げた。

その目的は「二一世紀の世界都市にふさわしい開かれた都市像を都民及び国の内外に示す」「東京テレポートタウンにおいて、快適性と利便性の高い開発を進め、早急に東京の抱える課題の解決に資する」「世界の英知を集め、人間と技術と自然が融合した人間性にみちた都市の実現をめざす運動である都市フロンティアのモデルを示す」「東京フロンティアで得られた成果を内外の諸都市に発信し、世界の都市問題の解決と未来都市の形成に貢献する」と四点に集約されている。

これだけだといまひとつイメージがわきにくいが、一九九〇年一二月に東京フロンティア協会が刊行した『東京フロンティアの展開に向けて』になると概要がかなり具体化される。まず「東京フロンティア」には会期はあるものの、それは未来にむけて持続的に行われる都市フロンティア（都市づくり運動）の一部である。その内容はコンペティションやシンポジウムからなる都市づくり運動、多彩な催しによって街ににぎわいや楽しさを演出する都市づくりフェスティバル、最新の技術を用いた諸施設や水辺や緑の景観を楽しむ東京テレポートタウンの建設と体験という三つの内容を組み合わせたものであった。[10]

主会場にはお台場海浜公園を核とするウォーターフロント・台場地区、最先端の情報通信機能を備えたテレコムセンターや仮設展示施設からなる青海地区、テニス場やクリーンセンターを設置した有明北地区、国際展示場をメインとする有明南地区の四区が定められた。台場・青海地区と南北有明地区をシンボルプロムナード（現在の夢の大橋からシンボルプロムナード公園）がつなぎ、[11]会場を回遊する新交通システム・東京臨海新交通（ゆりかもめ）をはじめ、京葉線の延伸、海上輸送、シャトルバスなどが来場者の足を支える。また「東京フロンティア」は都市のなかで展開される運動なので、入場制度についても会場の特性にあわせたものになるとされている。

都市の発展と歩調をあわせる都市づくり運動は新しいようにも見えるが、万博の歴史を振り返るなら、これは幾分先祖返りというか、既視感のあるプランである。パリは一九世紀後半にエッフェル塔、トロカデロ宮、グラン・パレやプティ・パレといった中心部に点在するランドマーク、給水網、地下鉄、セーヌ川を渡す橋などの社会インフラを、万博を繰り返し開催することで建設・整備し、世界中のさまざまな物、知識、技術、文化を集約することで世界都市へと発展していった。会期を限定したイベント、祝祭のなかで恒久性と仮設性を対比させるという発想も、水路を生かしたレジャーを提供するという発想も、そのひな形はパリの万博に求めることができる。大阪万博を発案するにあたって万博史を一から学んだ堺屋が、そうした経緯を知らないわけはない。そこには一九世紀のパリをモデルに、東京を二一世紀の世界都市へと導いていこうという意図があったのではないだろうか。ところが翌一九九一年になり、「東京フロンティア」をめぐる状況は大きく変わってくる。新都庁舎や水族館、劇場、博物館など箱ものに力点を置いた鈴木都政は多額の起債をし、それによって都の財政は再び赤字に転落、バブル崩壊とあいまって、都知事選の大きな争点となった。候補に立った元NHKキャスターの磯村尚徳は臨海副都心計画の全面見直し、東京フロンティアの一時凍結などを訴えた。

都知事選のさなか、同年三月にはやはり都議会で臨海副都心計画の遅れや住宅部の業務人口への偏りが指摘され、予算の執行が凍結されてしまう。鈴木はこの指摘に基づいて臨海副都心計画を二年遅らせ、住居を千戸増やす修正案を出し、都市博についても来場者に建設現場を見せるわけにもいかないと、開催を一九九六年へ後ろ倒しすることにした。自身が臨海副都心開発、東京フロンティアを見直したことで都知事選の争点はぼやけ、鈴木は八一歳にして四選を果たす。

2・4　泉チームの登場

泉は一九八七年から翌年にかけて、芦原信義を座長として設置された「東京ルネッサンス」企画委員会の委員を務めた後、一九八八年から八九年にかけて開かれた丹下健三を座長とする東京世界都市博覧会基本構想懇談会にも委員として参加している。ちなみに文化事業のコンテンツを考える「東京ルネッサンス」企画委員会はもっぱら文化人、評論家、学者などからなるのに対し、基本構想懇談会はメディアや企業のトップなど、財界人も多く名を連ねていた。両方の委員となりこの間の事情を把握していたのは、東京ルネッサンス企画委員会の座長であった芦原のほかには泉しかいない。
一九八八年一一月に刊行された初の単著『核兵器と遊園地』のなかで、泉は東京都が何年か後に万国博を開くという話がでているとして、そのあるべきかたちについて次のように持論を展開している。

〔……〕国家という理念をベースにした世界の構築がナショナリズムと共存できず、一度ならず二度までも破局し、その結果、私たちは国家を構築の基礎に置いた世界観と現代文明に大きな幻滅を味わうことになった。そこで国家に代わる理念として再び浮上してきたのが、ヨーロッパの文明を構築したところの『都市』である。〔……〕都市というものが国家の枠組みの中で委縮するのではなく、国家のレベルを超えて世界の経済、世界の文明、世界の文化に占める確固たる位置を構築することは可能だろう。世界とはすなわち都市のネットワークであるという視点が、そこから生まれてくる。
この世紀末に向けて東京があえて万国博を開こうとするのであれば、それは新しい価値系を持った『万国博』でなければならず、むしろ『万都市博』たるべきではないかと私は考える。(12)

万博のプロデュースに加え都市についても長年研究を続けてきた泉ならではの主張である。電通総研のバックアップを受けた「快適想古学」や、都市をめぐるシンポジウムでの発言も都市博をにらんだものと思われ、おそらく将来的に何かのかたちでかかわることになってはいただろうが、しかし記録を見る限りこの時点では泉はまだ計画の中心にいたようには見えない。

東京フロンティアと都市博をめぐる流れは、前述のように一九九一年の都知事選を契機に大きく変わる。「泉フォーラム」のメンバーで、後に愛・地球博のチーフプロデューサーも務めた福井昌平は、一九九二年のセビリャ万博、ジェノバ海洋博への泉視察団に参加したことがきっかけで、博覧会事業にのめり込んでいく。視察から帰国して間もなく福井は泉から「下河辺淳先生から呼ばれているので、一緒にいこう」と誘われた。これは当初計画の見直しを迫られた東京フロンティアの再構築作業の相談であった。

泉と下河辺の関係についてはグループasuの紹介ですでに触れた。下河辺の都市博へのコミットについては東京フロンティアテーマ委員に名を連ね、また都市博と対になるものとして企画された東京フロンティア会議では「都市の安全・安心を求めて」というセッションの基調講演者に指名されるなど接点はいくつか見られるが、いずれにしても下河辺は長きにわたり中央官庁で国土計画を手がけ、退官後は総合開発研究機構（ＮＩＲＡ）の理事長として、また各種博覧会のフィクサーとしても大きな力を発揮した人物である。困難に直面した鈴木が助力を求めたとしても不思議ではない。下河辺は鈴木の了解のもと、都市博のコンセプトプラン策定を泉に任せ、泉は親しいメンバーを集め急ぎ作業にとりかかった。こうして作られた新たなプランは一九九三年六月、都知事や下河辺が臨席する場で披露され、了承されたという。

このコンセプトプランの冒頭に、泉は次のような詩文を寄せている。

都市よ

都市の歴史は、人類二百万年に及ぶ文化、文明の歴史を反映している。

それ故に都市は、常に時代の黙示録であった。特に中世から現代に至るまで、あらゆる時代の流れは都市という泉からこんこんと湧き出し、時代の風は都市を吹き抜けていった。


二十一世紀は都市の時代。

新しい世紀の幕あけを迎えようとする今、人類の生んだ奇蹟のメガ・シティー「東京」に集まり、都市を考え、その未来を見極めることを時代が求めている。そして国内諸都市はもちろん、世界の都市たちが期待している。その期待にこたえることこそ、東京に、日本に課せられた国際社会への責務ではないのか。


「世界都市博覧会」を開こう。

十九世紀に始まったＥＸＰＯが、その後の近代社会の総てを露わにしたように「世界都市博覧会」は、明日を明らかにするだろう。


都市の夢をみよう。

その夢の中に人類の未来も世界の平和も、産業の将来像も生活の豊かな果実も、総てがきらめい

て見えてくる。(13)

ここには万博（ＥＸＰＯ）に対する都市博という対比関係を打ち出しながら、人類が都市において営んできた悠久の歴史に思いを馳せ、未来への視座を得ようという姿勢が表れている。対象への視点を自在に変え読み手の関心を誘うと同時に、都市に強い関心を寄せてきた泉の意気込みを表した一文である。

このコンセプトプランでは、都市先端建設運動である東京フロンティアの一部としての世界都市博が、東京フロンティア会議という併設事業を伴う大型博覧会へと組み替えられた。堺屋・丹下から生まれた案が、万都市博を唱えていた泉案に切り替わったのである。

また会場もそれにあわせて当初の案にあった台場地区と有明北地区が外され、仮設性が高くより万博に近い形態で開催される青海地区（インター・シティ）と国際展示場を生かしたコンベンション・メッセ型の有明地区（コンベンション・シティ）からなる二極構造が示され、それらをゲート・シティ、アート・シティがつなぐという四つのゾーニングがとられた（各ゾーンの名称等は変更されるが、基本的にはこのゾーニングが最終案にも生かされた）。主要事業としてはエコや都市交流、多彩なイベント事業、東京都によるテーマ施設の設置などが挙がっている。二一世紀の理想の都市の姿を求めて世界の英知を結集、都市の諸相について議論する画期的な国際会議「東京フロンティア会議」のアイディアも盛り込まれたが、国際会議やシンポジウムは旧来の万博などでも行われており、これは「東京フロンティア」の事実上の方針転換と言える。

ここでもう一度協会の動きに視点を移すと、予算凍結や計画の見直しによってエコやリサイクル、市民参加型を大きく打ち出すなどの軌道修正がはかられたほか、テーマである「都市」を十分に表現するためパビリオンのほかに自主事業を計画することにして、泉に事業企画アドバイザーを委嘱して案を求めた（一九九三年五月）。

これに対し泉はそれぞれのゾーンに①世界都市館――世界視野での都市交流、②都市交流プラザ（国内都市出展）等――都市の創造・文化・交流、③都市未来館――二一世紀の都市技術、④メディアステーション――二一世紀情報都市、というテーマを与えた。一一月の第二次コンセプトプランでは、さらに①オイコスパーク――古代都市に未来都市の原点を見る、②アートシティ――新しい都市芸術の創造、③水の広場――都市のうるおい、④緑の広場――都市のリラクゼーション環境、⑤エコポリス――未来の都市居住提案、の五事業が追加される（このうちエコポリスについては、環境展示としてテーマ館に移された）。それぞれの事業には専門プロデューサーが就任するが、これらのアイディアのひとつひとつに泉の都市観が表れており興味深い。

同年九月には総合プロデュースを泉、西洋史家の木村尚三郎、システム工学研究者の石井威望の三人態勢で行うことが発表される。木村は「東京フロンティア会議」の企画担当、石井は科学・技術面、とりわけデジタル情報技術と都市の未来像との関係の担当で、泉は都市博全般を任された。世界都市博のプランニングには、まさに泉イズムが浸透しているのである。

2・5　泉が都市博に込めたもの[14]

会場計画はその後も修正が重ねられたが、最終的に四つのクラスターはそれぞれ、①国の交流から都市の交流、個人の交流へと変貌する国際交流、②都市の情報化とアート化、③市民参加とボランティア、④コンベンション機能――物の交流と知恵の交流、というテーマを与えられ、それぞれを代表する個性的な拠点が設けられた。①には人間と居住についてのテーマパーク「オイコスパーク」、②には「都市の魂」「人間の心」を表現する「アートシティ」、③には「ボランティア」「インタラクティヴ」を実現する市民参加型のパビリオン、④には「地球社会」の時代をシンボライズする「世界の都市館・国連プラザ」と「都市の未来館」が計画に盛り込まれた。

このうち、オイコスパーク、アートシティ、都市館については泉みずからが専門プロデューサーとなり、牧村真史（オイコスパーク）、フランソワ・コンフィノ、柏木博、石垣朗（アートシティ）、古見修一（都市館）をエクゼクティブプロデューサーに迎え、計画を具体化していった。これらのメインとなる企画に専門プロデューサーを通じてみずからの都市のイメージを反映させ、それをもって都市博を特徴づけようと考えたのであろう。

たとえば「世界の都市館・国連プラザ」では都市文化や都市づくり、都市間交流などを広く世界的な事例から学ぼうという姿勢でプランニングが行われた。「都市とオリンピック」（一八九六年の近代オリンピックのスタートから一〇〇周年を記念して）、「都市の交流」という二つのテーマ展示のほか、

「都市と港湾」、オーストラリアからカモノハシの生体展示という四つの展示計画が進められた。また六〇〇〇人を収容できる映像シアターでは世界の都市に暮らす人びとの生活のさまざまな側面が、スティービー・ワンダーの歌う博覧会テーマソングをBGMに大スクリーンに映し出されることになっていた。同時期に書かれたあるエッセイのなかで泉は「港は文明の子宮である」と述べているが、都市の交流に関して港湾に着目するところは面目躍如である。また世界各地の映像を編集して会場一体型の巨大スクリーンで上映するという演出も、大阪万博の東芝館の総合プロデュース以来の得意分野だった。

海外都市出展は国連プラザ、南北アメリカエリア、アジア・アフリカ・オセアニアエリア、ヨーロッパエリアからなっていた。招請は一九九〇年九月という早い段階から東京都知事名で告知されており、東京フロンティア協会が発足してからはマスタープランを策定するなどして積極的な招致が図られた。しかし都市館のプロデューサーを務めた古見修一によれば、現場レベルではユニークなかたちで準備が進められたという。歴史の古いヨーロッパをターゲットに、泉の知己の人脈をたどって現地のクリエーターを推薦してもらい、また古見たちが直接赴いてヨーロッパ主要都市で出展者会議を開催するなどして、各都市の生成や歴史、特性を紹介するためのアイディアを集めた。一方、「日本の都市館」は従来のブース型の出展ではなく、さまざまな都市の魅力の発見と交流をテーマに、「新しいお祭り広場を作ろう」という発想で構想された。その結果、最終段階では当初の予定を上回る世界四二都市四港、東京二三区四一市町村、全都道府県が参加を表明した。

大阪万博で会場計画を手がけて以来、泉がとりわけ強い愛着を寄せてきた遊園地については、インターシティランド内に「ファンシティ」が計画され、急降下と旋回を繰り返すドルフィン・ターンのメガ・コースターや、定時になると鐘を鳴らす六五メートルの大観覧車など最新鋭のマシンが設置される一方、レトロな木馬など過去の遊園地をシンボライズするアイテムなども集められた。

またオイコスパークとアートシティは空間と施設と催事と運営がテーマにあわせて一体となったテーマパーク型施設としてプランニングされた。その実際を都市博の集客装置の目玉として構想されたオイコスパークを通じてみてみよう。[15]

オイコスパークは都市の起源と言われるイスラエルのエリコをテーマにしたシンボルゾーンを中心に、パーク内部に世界各地の六つの異なるタイプの住居を再現、さらにテーマにあわせて演出されたビアレストランやファストフード店、物販店を設置し、昼夜二種の催事プログラムが組まれた。最新技術を用いたスペクタクル映像（企業パビリオンでは相変わらずそうした趣向の催しが多く組まれていた）ではなく、これは視覚、聴覚、嗅覚、味覚など、五感に訴える体験型パークだったのである。

来場者は「悠久の時の門」と名づけられた高さ一二メートルのゲートを通り、自然音、古代楽器、祭りの喧騒や人びとの声をBGMに古代への橋を渡って、砂漠に位置する世界最古の都市エリコの塔に足を踏み入れる。塔は高さ一五メートル、二層構造で、観客はまず二階部分の外壁に沿って九〇〇〇年前に建設された世界最古の都市エリコの姿を石碑風のレリーフや復元想像図によってイメージする。

建物の内部に入るとライブシアターの入口にいたる動線が展示スペースをかねており、シアターをぐるりと囲んだ通路は四部に分かれていた。「エリコ　オリエンテーション」ではライブシアターの演者がハーフミラー内に浮かび上がり、また九層からなるエリコの地層を示すことで、都市の興亡の歴史が暗示された。「シアターへの誘い」は遺跡に潜む謎の部屋で、ここを通ると三〇〇〇年前の過去へとタイムスリップするという設定になっていた。「都市の拡散ゾーン」はエリコに見られた定住集落がやがて周囲に拡大し、メソポタミア文明などの大きな流れを生んだことが示された。「都市に住む人々、住まなかった人々」は明るい半球型のスペースで、気候と住居、民族の多様性、都市生活にはない環境と共生するライフスタイルなどが示された。

このような動線を経てライブシアターにたどり着いた観客は、約三〇〇〇年前にタイムスリップしてエリコの最後の生き残りである語り部と出会う。一五六席のシアターは映像や鏡などを組み合わせた演出空間となっており、水害・地震・抗争によって興亡を繰り返したエリコの歴史を語り部が一五分間にわたって物語る。都市をその起源へとさかのぼる、いわば時間的な広がりをもつエリコの塔は、「泉フォーラム」におけるチャタル・フユックの遺跡研究の発展形であることは明らかだろう。

さて、エリコの塔を中心とするシンボルゾーンの周囲には、世界のさまざまな環境で生きる人びとの住居が再現されることになっていた。モンゴルの草原地帯からは天幕によるパオ、インドネシアの熱帯林からは木造高床式のトラジャ、高山山岳地帯のペルーからは石積み・草ぶき屋根の家、ツンドラ地帯からは氷のブロックでできたイグルー、タンザニアの熱帯からは枯れ木を組み合わせたハッァピ、アメリカの乾燥地帯からは半地下の土盛り住居が、二・三ヘクタールの会場に点在するのである。氷点下に保たれたイグルーをのぞき、これらの住居ではそれぞれの民族に伝統的に伝わる楽器や遊び、狼煙（のろし）などのイベントが、招かれたネイティブたちにより、観客を巻き込みながら時間差で実演され、いつも、どこにいても何かをやっているというにぎわい感を演出、オイコスパーク全体を体感ライブ空間へと作り上げることが企図された。

また夜間には毎日二回、エリコの興亡をテーマにしたライブショーが予定されていた。これはエリアの中心に建つエリコの塔を四方からライトアップし、都市の胎動、生成、繁栄から闘争によって没落しさらに再生にいたるプロセスを、一キロワットのスポットライト六〇灯、五〇〇ワットのスポットライト一〇四灯、一キロワットの投光器一〇灯、二キロワットのプロジェクタースポット六台、スモークマシーン五台、五か所に設置されたガスバーナー、約一万台のイルミネーション、大規模音響装置で彩るという大がかりな演出だった。

飲食施設や物販店はパークの北東に沿って配置され、その一番奥まったところに古代バビロニアのイシュタル門を模したゲートをかまえるビアホールが設置され、そこで観客は古代のビールやパンを賞味し、物販店では古代の交易都市を体感できた。

一般のテーマパークなどとは異なり、オイコスパーク内の展示物は関係者による現地調査や民博の研究者をはじめとする専門家のアドバイスを仰ぎ学術性も担保されていた。また演出に大きく比重をかけた展示手法は、たとえばアイヌの生活習慣や伝統芸能を紹介する北海道・白老町の民族象徴共生空間ウポポイにみられるように、今日では必ずしも珍しくはない。しかし展示物の特性に配慮しつつ空間・施設・催事・運営を一体化し、これだけ高いエンターテインメント空間へとまとめたのは当時としては画期的で、実現すれば生涯学習の時代を先取りするエデュテイメント（エデュケーションとエンターテインメントの合成語）の実践例となっただろう。

もっともオイコスパークは先進的であったと同時に、きわめて古典的な〝万博的なるもの〟の系譜に連なってもいる。一八六七年の第二回パリ万博ではメインとなる楕円形の巨大なパビリオンの周辺に、中近東をはじめ、アジアやラテンアメリカの国々の住宅が建てられ、まだ幕末の混乱期にあった日本も数寄屋造りの茶室を作って参加している。見世物小屋や飲食店に混じって展開されたこれらの建物は、万博の集客に大いに寄与した。エキゾティックな異国を身近に味わえるという魅力は、今日にいたるまで万博の強力な訴求力のひとつであり続けている。

また万博の黎明期に実用化された電気は動力としてのみならず、夜間のライトアップとしてもいち早く導入された（一八八九年の第四回パリ万博より）。一八九三年のシカゴ万博では一二万本の電灯が設置された。夜間の光は万博の開場時間を延ばし、多くの来場者を魅了したのである。東京都市博ではこの夜間のスペクタクルを、音響と光と煙をタイアップさせたライブショーへと進化させようとした。これらの点でオイコスパークは、万博初期からの主題を、最新の手法によって捉え直していると言ってよいだろう。

オイコスパークのような中核施設以外にも、たとえば会場計画ひとつをとっても、中心プロムナードを庭園風に演出し、水辺という環境を生かして橋や水車を設置するなど、細やかな配慮があちこちに組み込まれている。もちろん最終案は担当プロデューサーや担当部署との協業によって生まれているが、プランのそこかしこに泉が博覧会にかけた情熱が潜んでいるのである。

2・6 開催中止

一九九五年四月の都知事選では、八四歳になっていた鈴木俊一は内閣官房長官を長く務めた石原信雄を後継に据えて引退を表明したが、選挙は臨海副都心計画の徹底的な見直し、都市博中止、二信組救済拒否を公約に掲げた無党派の青島幸男の圧勝で終わる。都市博はこの時点で開催まで一年を切っており、中止にすればそれまでの費用が無駄になるばかりか、多額の違約金や損害賠償が発生することから、東京フロンティア協会は実施要望書を提出するなどして説得を繰り返し、都議会も一〇〇対二三で開催賛成の意思を示したが、青島は「約束を守れる男かどうか、信義の問題だ」と反対を押し切った。

実際のところ、ほかの二つの公約、臨海副都心開発や二信組救済は公約に反し続行したので、結果的に都市博だけが狙い撃ちとなった。その理由として、テレポート構想時点では競合都市として横浜や大阪があったが、この時点では世界都市としての東京の地位は揺るがず、都市博開催の動機が弱くなっていたこと、政府が強い説得に動かなかったこと、開催中止は予算の執行を止めるだけでよいので、議会の拒否権を心配する必要がなかったことなどが挙げられているが、中井歩が述べるように、決断のもっとも大きな動機となったのは高級官僚の道を歩んできた鈴木に対し、青島が無党派層の庶民の目線で都政を見直そうとしたからであり[16]、それは後に続く都政のポピュリズム化の始まりを意味していた。一方、臨海副都心につぎ込まれた巨額の事業費や二信組を救済しなかった場合の影響は都市博中止の比にならず、青島にはそもそもそれらを拒む選択肢はなかった。現在にいたるまで港区、中央区、江東区の人口増加は著しく、臨海副都心開発は結果的に都民に大きな利をもたらしており、この点をみても都市博は政治ポピュリズムのスケープゴートとなったと言うこともできる。

無党派の市民の声を積極的に取り上げる政治家の出現は、都市博という一イベントにとどまらず、万博や大型博をめぐる政治・社会環境が変化してきたことを象徴している。そもそも万博や大型博の多くは開発と一体となって計画されてきた。大阪万博は東京オリンピックに対する関西経済圏の浮揚策として、千里ニュータウンの近隣地を開墾して行われた。沖縄海洋博は沖縄本島を縦断する自動車道を整備し、会場となった本部半島一帯をリゾート開発して、沖縄を観光地化することで本土との経済格差を埋めようとするものだった。つくば科学博は、オイルショック以降停滞していたつくば学園研究都市を再び発展させるためのものだった。神戸ポートピア博や横浜博YES'89にも人工島ポートアイランドや横浜みなとみらい地区の街びらきを寿ぐ意図があった。この間、計画を推進するテクノクラートの頭のなかでは「開発―博覧会―都市づくり」が常に三位一体として結びついてきたのである。

青島の中止という判断は、この三位一体がエリート官僚によって目に見えないところで進められているのではないかという市民の漠とした不安、さらに高度経済成長期やバブル期ならばいざしらず、経済的に停滞するなか、それは時代遅れの施策で税金の無駄遣いではないかという民意を反映している。とはいえ都知事交代によって省かれたのは「博覧会」だけで、「開発」「都市づくり」は残ったわけである。

このことは、愛・地球博の開催をめぐる一連の騒動を考えるうえでも興味深い視座を提供してくれる。そもそも愛知万博は一九八一年に名古屋がオリンピック招致でソウルに敗れた後、わだかまっていた停滞感を払拭する大型イベントとして、一九八八年に当時の県知事・鈴木礼治が構想を発表したことに始まる。計画は一九九〇年代なかばに具体化するが、すくなくともこの時点まで会場跡地は二五〇〇〇戸、七五〇〇〇人が居住するニュータウンに変貌することになっており、「開発―博覧会―都市づくり」はやはり三位一体だった。

また当初会場として挙がった海上地区は名古屋近郊では取り残されたように手つかずの場所で、開発にはうってつけだった。地権者向けの説明会では近隣住民を締め出したという県の役人の思考回路や姿勢が市民の不信を招いていく構図はここにも読み取れる。そうしたなかで海上の森の自然の希少性が、野鳥の会など自然保護活動に携わる市民たちによって次々に見出されていくのである。つまり愛・地球博は「開発」色をできるだけ抑え、「都市づくり」を断念し、それによってようやく実現にこぎつけた「博覧会」なのであった。都市博と愛・地球博を比較すると、三位一体が結びつきを維持できなくなってきた時代相が浮かんでくる。

二〇〇〇年に新潟・越後妻有地区でスタートした「大地の芸術祭」をはじめ、二一世紀に入り大型博覧会に代わってアートフェスティバルが広がった理由のひとつには、「アートフェス」が必ずしも「開発」を必要としないという点もあるのではなかろうか。つまりアートを媒介にして過疎地を活性化し街づくりを促進する「イベント―コミュニティづくり」への転換である。しかし「開発―博覧会―都市づくり」という発想が政治家やテクノクラートのなかに依然として強く残っていることは、現在準備中の大阪万博にもみてとれる。この万博を支えているのは、廃棄物の処分場として大阪湾を埋め立てた人工島・夢洲を活用し、跡地に統合型リゾート（IR）を誘致して、国際的なエンターテインメント空間を作るという構想だ。大阪を活性化し日本の〝副首都〟として存在感を強めることも、埋立地を活用して新しいにぎわいを作ることも、そのために起爆剤となるような大型イベントを打つことも、それぞれの必要性はわからなくもない。しかしその構想がたいした反省もないまま旧来型の三位一体モデルに依存して作られているとしたら、それは問題であろう。

万博をはじめとする大型イベントを手がけてきた平野暁臣は、現代の万博不振の理由として、スピード感に欠けGAFAMのような巨大企業が見向きもしなくなったこと、テーマパークのみならず、ショッピングモールなどビジネスベースでも人びとにワクワク感・非日常感を与えられるような場が次々に生まれていること、展示技術自体に大きな進歩がないこと、メディアのあり方が一対多から多対多に変わったこと、にもかかわらず万博がいまだに課題解決のような一方的なメッセージを発し続けていること、などを挙げている(17)。文化イベントの成否は単に経済波及効果やレガシーなどといった観点だけで測れないのはもちろんだが、USJのような人気テーマパークの目と鼻の先で、来たる大阪万博はこうした課題を乗り越え、新しいモデルを示すことができるのだろうか。

2・7　おわりに

都市博中止の決定に対する泉の落胆ぶりは相当なものだったという。泉はその折の所感を「都市博を想う[18]」という短いエッセイにまとめているが、消費中心主義経済のなかで大規模経済を家計にたとえることの誤りや、博覧会の経済波及効果への言及には、客観的なデータや分析に基づかずイメージで批判したり決断したりするメディアや政治の無責任さへの無念が読み取れる。またここで挙げられた娯楽と教育をあわせたエデュテイメントも、オイコスパーク案に見られるように泉が都市博に実装しようとした新機軸だった。

しかしそれ以上に興味深いのは、〝博覧会作業にも成熟化社会における成熟商品の流通にかかわるプロモーションが欠かせない〟という反省の弁でこのエッセイを閉じている点である。「計画手法もサプライ・サイドから、ディマンド・サイドに変わるべきであろう」という一文には、開発と一体化した博覧会を官の側が啓蒙として一方的に提供する時代が終わり、博覧会も市民と細やかに対話しながら作っていく時代になったという認識が表れている。それは市民参加を組み込んだ東京都市博にもある程度反映されたと思われるが、十分な理解を得るにはいたらなかったということなのだろう。

愛知万博は総合プロデューサーに就任した堺屋太一が、それまでの議論の経緯を無視した構想を発表したことで混乱に陥り、堺屋の辞任後、木村尚三郎（広報）、菊竹清訓（会場）、泉眞也（催事）による三人のプロデュース体制へと組み替えられて実現する。まるで東京都市博の顛末をトレースしているかのようだ。ここで泉がどんなプランを描いたのかについては、また別の機会に論じたい。

［謝辞］　本章執筆にあたって福井昌平氏、古見修一氏、山根一眞氏より貴重なお話や資料の提供を受けました。謝して記します。

註

（1）江藤光紀「パビリオンを読む――つくば科学博における『環境』」『論叢現代語・現代文化』二二巻、二〇二一年、一―二三頁。江藤光紀「鼎談 泉眞也先生を忍ぶ――博覧会を中心にご業績を振り返って」『万国博覧会にみる『日本』――芸術・メディアの視点による国際比較 中間報告書』東京工科大学、二〇二二年、四一―五〇頁。江藤光紀「一九六〇年代の泉眞也――大阪万博までのキャリア形成」『論叢現代語・現代文化』二四巻、二〇二三年、一―二二頁。江藤光紀「泉眞也と日本の万博」『万国博覧会に見る『日本』――芸術・メディアの視点による国際比較』（シンポジウム記録集）東京工科大学、二〇二三年、四六―五三頁。

（2）鈴木俊一『官を生きる――鈴木俊一回顧録』都市出版、一九九九年、四三八頁。

（3）山根一眞（ノンフィクション作家、テレビキャスター）が司会を務め、日根野眞弓（電通総研チーフプロデューサー）、砂川肇（コンセプター、（株）コンセプト代表取締役）、杉本洋文（建築家、（株）計画・環境建築専務取締役、東海大学非常勤講師）、古見修一（デザイナー、（株）SD代表取締役）、長谷川文雄（都市計画家、未来学者、（株）エス・シー・リサーチ未来デザイン研究所所長、東北工科大学教授）、田中俊行（デザイナー、（株）空環計画研究所代表取締役）、上山良子（ランドスケープアーキテクト、上山良子ランドスケープデザイン研究所代表取締役所長、東京造形大学、武蔵野美術大学非常勤講師）、島田一郎（アート・ディレクター、プロデューサー、（株）フォルマ代表取締役、東海大学非常勤講師）（以上肩書は映像に収録されていたもの）が、それぞれの専門の立場からプレゼンテーションを行っている。

（4）泉眞也、望月照彦「二十一世紀・都市のパラダイムを探る」『二一世紀のグランドデザイン――環境・都市・情報』思文閣、一九九三年、一七一―一八五頁。

（5）泉眞也『空間創造楽』（電通、一九九二年）には、自身が世界各地で収集した空間・環境の膨大な事例が、テクノロジーやメディア、情報化と都市や空間のメッセージ性といった観点から写真つきで紹介されており、泉の空間プロデュースのアイディア帳となっている。

（6）鈴木俊一、注（2）前掲書、三七六頁。

（7）東京ルネッサンス企画委員会『東京ルネッサンス企画委員会報告書――都市の新しい風……東京ルネッサ

ンス』一九八八年、一四—一七頁。
(8)『第一回東京世界都市博覧会基本構想懇談会』(議事録)、一九八八年、一九頁(未刊行)。
(9)東京都『東京フロンティア基本計画』一九九〇年。
(10)東京フロンティア協会『東京フロンティアの展開に向けて』一九九〇年、八頁。
(11)同前、二五—二六頁。
(12)泉眞也『核兵器と遊園地』徳間書店、一九八八年、一四〇—一四二頁。
(13)『世界都市博覧会 東京フロンティア一九九六 コンセプトプラン』平成五年六月二四日(未刊行)。
(14)この節での各地区、各パビリオンの詳細は主に東京フロンティア協会『世界都市博覧会——東京フロンティア 構想から中止まで』一九九六年を参照した。
(15)オイコスパークのプランニングについては、博報堂がまとめた「世界都市博覧会 オイコスパーク 実施設計図書」一九九五年三月三一日(未刊行)を参照している。
(16)中井歩「ポピュリスト知事と中止の政治」『産大法学』五五巻三・四号、二〇二二年、一八二(七三八)頁。
(17)平野暁臣『万博入門』第四章「万博には何が求められているか」小学館クリエイティブ、二〇一九年。
(18)泉眞也「都市博を想う」、東京フロンティア協会『世界都市博覧会——東京フロンティア 構想から中止まで』一九九六年、四二頁。

第3章　大阪万博とデザインの歴史社会学
――専門家から市民参加へ

加島　卓

3・1　万博とデザインの関係

万博とデザインの関係を考えるうえで、マークはとても重要である。マークが決まらないと、デザインのさまざまなバリエーションを作ることもできないからである。実際、マークの選考は招致活動や開催準備の初期段階で行われる。そしてポスター制作やマスコット選考、さまざまなプロモーションメディアが制作され、全体方針のデザインマニュアルが用意される。さらにこのマニュアルにしたがい、会場のデザイン計画（サインデザインや施設・制服のデザインなど）や関連ビジュアル（ウェブサイトや動画、入場券やガイドブックなど）も順次制作される。このように万博のデザインにとってマークは欠かせないものである。

本章では、一九七〇年日本万国博覧会（大阪万博）のマーク選考と、二〇二五年日本国際博覧会（大阪・関西万博）のマーク選考に注目し、両選考の違いを特定したうえで、この違いが社会にとってどのような意味をもっているのかを述べたい。議論を先取りすると、両選考の違いは「専門家から市民参加へ」という趨勢のなかにあり、こうした展開とデザインをいかに関連づけて理解すればよいのかが本章では示される。その意味で、本章は大阪万博のデザインを対象にした歴史社会学的な検討である。

3・2　一九七〇年大阪万博シンボルマーク選考

日本万国博覧会の開催が正式決定したのは一九六五年九月一三日である。その後まもなくして日本万国博覧会協会が設立され（一九六五年一〇月九日、会長：石坂泰三）、その広報委員会の分科会として設置されたのがデザイン小委員会である（一九六五年一一月一八日、一三名）[1]。このデザイン小委員会は「日本万国博覧会シンボルマーク指名コンペティション」を実施するにあたって、七名のマーク選考委員[2]と一五名二団体のデザイナーを指名した[3]。選考委員長の勝見勝によると、「指名コンペの利点は、依頼者の意図が、デザイナー側に完全につたわる」点にあり[4]、ここに名前が挙がった者の多くは当時の第一線で活躍していた代表的なデザイナーだった。こうして、日本万国博覧会のシンボルマーク選考はトップクラスの専門家に限定した形式で行われたのである。

合計四八点のなかから選ばれたのは西島伊三雄案である（一九六六年二月九日、図3・1①）。この

①

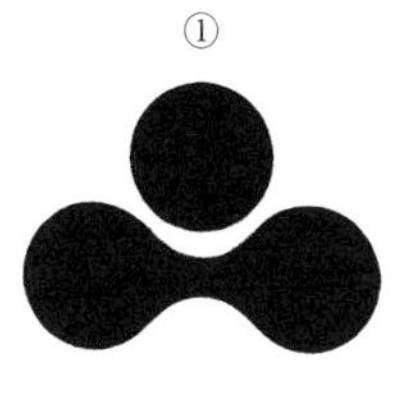

②

図3・1　①西島伊三雄案と②大高猛案を発表する石坂泰三会長（『大阪万博1970 デザインプロジェクト』東京国立近代美術館、2015年）。

西島案はふたつの円を水平に合流させ、その上にもうひとつの円を配置している点に特徴がある。この点について西島は、日本万国博覧会の基本理念に「多様な人類の知恵がもし有効に交流し刺激しあうならば、そこに高次の知恵が生まれ」と書かれた部分に注目して表現したと説明している[5]。また選考委員長の勝見勝によると、このマークが「東の世界」と「西の世界」、そして「これが一緒になってこれからの未来の世界をつくる」という表現になっている点を評価したという[6]。つまり、西島案は日本万国博覧会の基本理念をマークと適切に関連づけている点が評価されたのである。

ここで注目したいのは、最終的な意思決定機関である常任理事会が西島案の決定を見送った点である。公式記録によると、日本万国博覧会協会の石坂会長は「大衆性がない。博覧会に来る老人、子どもにもなにを表しているかはっきりわかるものが望ましい。今後の選考方法は、常任理事の懇談会を開き再考する」と説明している[7]。先述したように選考委員はマークと基本理念が対応していた点を評価したのだが、常任理事会はマークの表現が大衆的ではないと判断したのである。

そこで今度は石坂会長も選考委員会に加わり、同じメンバーで指名コンペティションをやり直すことになった。合計五七点のなかから選ばれたのは、大高猛案である（一九六六年四月四日、図3・1②）。大高によると、このマークは「桜の花」をモチーフにし、五枚の花びらは五つの大陸、そして中央の円は「日の丸」を表現したものである。[8] また選考委員長の勝見によると、大高案は「協会側と専門家側とのほとんど一致した意見」で決定したという。[9]

ここで重要なのは、西島案は大衆的ではないという理由で不採用になり、大高案にはそのような意見が出なかった点である。ここにはマークの説明を聞かないとどのように見ればよいのかわかりにくい西島案と、マークの説明を聞かなくても桜の花として見ることができた大高案との違いがあると考えられる。そしてこの違いが意味するのは、西島案のように抽象性だけを追求したモダン・デザイン的なマークは実は何を表現しているのかわかりにくいということだと思われる。大高案が西島案のように「なにを表しているのか」が問題にならなかったのは、マークの説明を聞かなくても、多くの人がすでに知っている桜の花びらであるかのように見えたからだと言えそうである。

とはいえ、大高案に対して批判がなかったわけではない。たとえば、『朝日新聞』（一九六六年九月二二日付朝刊）は「桜の花を形どった日本万国博のシンボルマークとそっくりの図案が、一〇年前に米国で出版されたデザイナーのハンドブックに掲載されている」と報道している。またデザインの専門家からは「いかにもコンパスだけで作られたパターン」という厳しい意見が出された。[10] 日本万国博覧会はその成功が華々しく語られるが、すくなくともそのマーク選考はかなり後味の悪い展開になったのである。

マークが決まると、次にポスター選考が行われた。第一号ポスター（一九六六年）はマークのみで、広告代理店の電通が制作している。第二号（一九六七年）[11]と第三号（一九六八年）[12]は指名コンペティションで、第四号（一九六九年）[13]と第五号（一九七〇年）[14]はマーク制作者の大高猛を中心にグループで制作している。

また一九六七年七月には「デザイン顧問」[15]が設けられ、デザインに関する基本方針の作成から担当デザイナーの人選までが統括された。さらに一九六八年四月には大高猛が「アートディレクター」に、剣持勇と豊口克平が「ディスプレイ顧問」に選ばれた。このように日本万国博覧会のデザインは専門家を中心に体制が構築され、具体的に制作された点に特徴がある。そしてこうした展開は、一九六四年のオリンピック東京大会（組織委員会デザイン室の勝見勝を中心としたデザイン・ポリシー）を踏襲したやり方でもあった。[16]

しかし、日本万国博覧会に反対するデザイナーがいたことも忘れてはならない。彼らは「国家総動員」に抵抗し、権力による「タレント狩り」を批判した。たとえば、『デザイン批評』（全一二号、風土社、一九六六年一一月—一九七〇年一一月）や針生一郎編『われわれにとって万博とはなにか』（田畑書店、一九六九年）には、そうした立場からの意見が多く残されている。参加するにせよ、反対するにせよ、デザインの専門家にとって一九七〇年の日本万国博覧会は無視できないイベントであり、戦後日本における国家と個人の関係をあらためて考えさせられるきわめて論争的なイベントだったのである。

3・3　二〇二五年大阪・関西万博ロゴマーク選考

●——二〇二五日本万国博覧会誘致シンボルマーク選考

次に二〇二五年大阪・関西万博ロゴマーク選考である。本章では二〇一七年三月二七日から五月一日にかけて行われた二〇二五日本万国博覧会誘致シンボルマーク選考（表3・1）までさかのぼってみたい。

ここで注目したいのは、募集内容に「応募者が制作した未発表の作品であり、他に類似するものがないこと」と書かれている点である。『毎日新聞』（二〇一七年四月一二日付朝刊）によると、この選考で誘致委員会が念頭に置いていたのは二〇一五年夏の「東京五輪の公式エンブレム選定をめぐる騒動」だった。この騒動では「エンブレムがベルギーの劇場のロゴに似ていると指摘され、劇場側が使用差し止めを提訴する」展開となり、さらに「閉鎖的な選考方法も批判され、改めて公募」することになった[17]。誘致委員会はこれを懸念材料と考え、募集内容に「他に類似するものがないこと」と書き、応募資格に「どなたでも応募できます。（プロ・アマは問いません。）」と明記し、さらに「インターネット等による一般投票」も導入することにした。つまり、専門家に限定することなく市民参加型でシンボルマーク選考を行うことにしたのである。

選考結果は次のとおりである。応募総数は一三三二一点で、最終候補の三案（図3・2①）に対して一般投票（総数六一七七）を行った結果、作品1（二四一九票）、作品3（二一一六票）、作品2（票数

表3・1 2025日本万国博覧会誘致シンボルマーク応募要項（抜粋）[18]

募集内容	2025年に誘致を目指す国際博覧会の「テーマ」と「サブテーマ」の（案）を以下に示します。これらをキーワードとして、みなさまの創造力でデザイン制作をお願いいたします。 《テーマ案》 いのち輝く未来社会のデザイン (Designing Future Society for Our Lives) 《サブテーマ案》 ◆多様で心身ともに健康な生き方 ◆持続可能な社会・経済システム □応募者が制作した未発表の作品であり、他に類似するものがないこと。 □誰でもわかりやすく、親しみやすいものであること。 □作成要領 ①1.5cm四方の大きさに縮小しても認識できるものであること。②色彩は自由とするが、白黒単色での使用も考慮して作成すること。ただし、ぼかしやにじみ等の表現は不可。③手書き又はパソコンで作成したもの。（いずれも可） 【注意事項】 ■シンボルマークには指定の文字列（日本語・英語・フランス語）を配置して、ロゴマークとして使用します。 ■文字列のデザインは、別途設定しますので、応募を希望される方はシンボルマークのみをデザインしてください。
応募資格	どなたでも応募できます。（プロ・アマは問いません。）
選考方法等	□有識者の意見を踏まえて、応募作品の中から候補作品を複数点選出した上で、インターネット等による一般投票により最終候補作品を選定し、有識者等で構成する選定委員会において各賞を決定します。
各賞	□最優秀賞と優秀賞をそれぞれ1点選考し、最優秀賞をシンボルマークとして採用します。 □入賞者には賞状のほか、副賞を贈呈します。最優秀賞（1点 賞金30万円）、優秀賞（1点 賞金10万円）

①

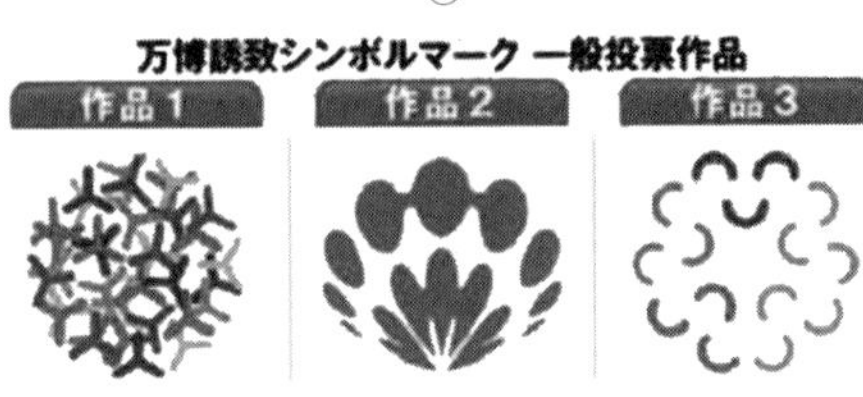

②

図3・2　①万博誘致シンボルマークの最終候補案[19]
②2025 日本万国博覧会 誘致活動のためのシンボルマーク[20]

不明）の順番となった[21]。そのうえで選定委員会（七名）[22]でも投票を行い、作品3が最多得票で選ばれた[23]。作品3の制作者はデザイナーの大川幸秀で、「顔文字をモチーフに笑顔の人々が世界から集まるイメージ」を表したという[24]。また誘致委員会は「いのち輝く笑顔が輪になって、つながっていく」というコンセプトがわかりやすく表現されている点を評価したという[25]。

　この選考は東京大会のエンブレム問題（取り下げと再選考）[26]を強く意識しており、類似作品の指摘が出ないように注意しつつ、プロ・アマ問わずに誰もが応募でき、インターネットによる投票も導入した点に特徴がある。しかし、一般投票で一位だった作品1ではなく、選定委員会の投票で一位だった作品3が採用される結果となった。つまり、誘致活動のためのシンボルマークは市民参加型の選考を導入したものの、市民の意見がそのまま結果に反映されたわけではなかったのである。

●――大阪・関西万博のロゴマーク選考

続いて、二〇一九年一一月二九日から一二月一五日にかけて行われた大阪・関西万博のロゴマーク選考を見ていきたい。二〇二五年日本国際博覧会の開催が正式決定したのは二〇一八年一一月二三日である。その後まもなくして二〇二五年日本国際博覧会協会が設立され（二〇一九年一月、会長：十倉雅和）、二〇一九年一〇月三一日には「大阪・関西万博ロゴマーク募集」（表3・2）が発表された。

ここで注目したいのは、注意事項に「応募作品の制作過程に関する情報（着想に至った経緯や参考にした情報など）や制作段階におけるスケッチ、デッサン等は、破棄せず必ず保管しておいてください。著作権の確認のため、これらの情報や資料を確認させていただく場合があります」と書かれている点である。『読売新聞』（二〇一九年九月一四日付夕刊）によると、「運営側が神経をとがらせるのは類似作の存在」だった。「東京五輪の際は、デザイナー作成のエンブレムが、ベルギーの劇場のロゴに似ていると指摘されて白紙撤回。一般公募でデザインを決め直す騒動となった」。そこで「今回の公募で、協会は絞り込んだ候補作について、弁護士法人に商標登録や著作権の有無などを調べるよう依頼。欧米、アジアなど約五〇か国を対象に徹底的に調査する」ことにしたという[27]。あらためて確認しておくと、ここでも念頭に置かれているのは二〇二〇年オリンピック・パラリンピック東京大会のエンブレム問題であり、同じ問題を繰り返さないために、一方で市民参加を導入し、他方で知的財産権への対応を強化している。つまり、大阪・関西万博のロゴマーク選考の前提にはオリンピック・パラリンピック東京大会のエンブレム選考がある[28]。

審査の過程と観点は次のとおりである。大阪・関西万博ロゴマークの審査は、①事務局による形式

表3・2　大阪・関西万博のロゴマークの応募要項（抜粋）[29]

はじめに	大阪・関西万博のテーマ「いのち輝く未来社会のデザイン」は、一人ひとりが、自らの望む生き方を考え、それぞれの可能性を最大限に発揮できる社会、こうした生き方を支える持続可能な社会を、世界が一体となって実現していくことを目指すものです。「未来社会の実験場」というコンセプトのもと、国連が掲げる「持続可能な開発目標（SDGs）」の達成や日本の国家戦略「Society 5.0」の実現に貢献する共創の場となることを推し進めていきます。そのシンボルとなるのが今回募集するロゴマークです。皆さまの創造力を存分に発揮し、ロゴマーク制作をお願いいたします。
キーワード	「さまざまな個（一人ひとり）が輝く」「個と個が繋がり、共創が生まれる」「共創が連続することで、持続可能な世界が創り出される」「日本らしさ、大阪・関西らしさを発信する」「今までにないアプローチに挑戦する」
テーマ	いのち輝く未来社会のデザイン　“Designing Future Society for Our Lives”
コンセプト	未来社会の実験場　“People's Living Lab”
応募資格	プロ・アマは問いません。経歴受賞歴の有無などは不問です。2019年4月1日時点で18歳以上の方を対象とします。日本国籍の方、もしくは、日本在住の外国籍の方（日本国内の住民票をお持ちの方）を対象とします。個人またはグループ（10名以内）での応募が可能です。当協会の職員及びロゴマークの審査・選考に関与する方は応募できません。
応募内容	「①ロゴマークデザイン案」（JPG形式）および「②デザイン展開案」（JPG形式。ピンバッジ、バッグ、名刺など様々なアイテムや空間、メディアへの展開事例）をデータで作成してください。上記のほか「③ロゴマークのデザインコンセプト」を200字以内で作成ください。①②③を1作品1セットとして、「2025年大阪・関西万博ロゴマーク公募サイト」からご応募ください。
賞金	「最優秀賞」賞金300万円、関連作業（ロゴマーク使用のマニュアルの制作、各種アプリケーションデザイン制作、各種広報ツールのデザイン制作）の対価200万円、「優秀賞」賞金10万円

制作条件	シンボルマーク（図形）とロゴタイプ（文字）の双方が合わさった形をロゴマークとし、今回はロゴマークのみを公募対象とします。ロゴタイプについては「OSAKA, KANSAI」「JAPAN」「EXPO 2025」の表記を含めて下さい。ロゴタイプの書体は、オリジナルのもの、既存のもの、どちらでも構いませんが、採用にあたって修正をお願いする場合があります。
注意事項	応募する作品は、応募者が大阪・関西万博のために独自に制作したオリジナルで未発表の作品のみに限ります。応募作品の制作過程に関する情報（着想に至った経緯や参考にした情報など）や制作段階におけるスケッチ、デッサン等は、破棄せず必ず保管しておいてください。著作権の確認のため、これらの情報や資料を確認させていただく場合があります。

要件の確認、②デザイン審査委員（一八名）[30]による絞り込み、③ロゴマーク選考委員会（一一名）[31]による審査（五点を選定）、④国内外での商標調査と著作権確認、⑤最終候補（五点）の発表と一般からの意見募集、⑥ロゴマーク選考委員会での最終審査、の六段階である。また審査観点として、「世界中の多くの人に愛されるものか」「テーマ・メッセージをとらえ、大阪・関西万博への期待感を高めるものであるか」「デザインとして優れ、様々な媒体で広く活用可能か」「オリジナリティがあるか」の五つが示された[32]。

実はこうした審査過程も、二〇二〇年オリンピック・パラリンピック東京大会の新エンブレム選考と同じである。市民から案を広く集め、デザインの専門家がチェックしたうえで多様なメンバー構成のロゴマーク選考委員会が審査し、最終候補案には市民からの意見を集め、最後に選考委員会で票決する。市民も選考に参加してもらうことで、万博をより多くの人に開かれたイベントにしようというわけである[33]。

図3・3　大阪・関西万博ロゴマークの最終候補案[34]

公募結果は次のとおりである。応募総数は五八九四点で、最終候補の五案（**図3・3**）に対して一般からの意見募集を行った（六五七二名分）。その結果によると[35]、すべての案に対してポジティブな意見とネガティブな意見があり、評価は横並びの状態となった。そして二〇二〇年八月二五日の最終審査で、選考委員の一一名中八名が投票したE案が選ばれたのである。

ここで注目したいのは、決定案（E案）への反応が賛否両論だった点である。たとえば、安藤忠雄（選考委員会の座長）は「今までのロゴマークというものは、左右対称で安定している。このロゴマークは変わっており、違った方向をむいており、それがなによりエネルギーになると思う。［……］このロゴマークには違和感もあるが、そこが良いと感じる」とコメントしている[36]。また日本トレンドリサーチの調査（八月二六日―二七日、男女一五〇名を対象にしたネットアンケート）によると、大阪・関西万博ロゴマークについて「良いと思う」と答えたのは四一・〇％、「良くないと思う」と答えたのは五九・

〇%だった。[37] さらに『読売新聞』（二〇二〇年八月二七日付朝刊、大阪版）によると、決定案の「非対称で奇抜なデザインに、ネットでは「かわいい」「愛着がわく」と好意的な声がある一方で、「気持ち悪い」といった『拒否反応』も目立つ」ことから、「具体的な選考過程を明らかにするよう求める声」も上がり、「大阪人として恥ずかしい」「決め直してほしい」という意見が大阪府や大阪市に寄せられたという。[38]

ところが二〇二五年日本国際博覧会協会は、最終審査で選考委員から出た意見や一般からの意見募集の結果がどのように反映されたのかは明らかにしなかった。こうした展開は誘致活動のためのシンボルマークの結果と重なって見える点である。一般から意見を募集するのだが、その結果がそのまま審査に反映されるとは限らない。一般からの意見募集は審査に必要な判断材料を揃えるというより、万博に対して市民がどのような意見をもっているのかを運営側が集める機会になっているように見える。

3・4　専門家から市民参加へ

●――ワークショップ時代のデザイン

ここまでを整理したい。一九七〇年大阪万博シンボルマーク選考は専門家によって専門家のなかから選ぶという形式で行われた。最初の選考結果が常任理事会によって却下されたというトラブルはあったものの、再選考も専門家のなかから選んだ。そしてデザインの専門家を中心とした体制が構築され、日本万国博覧会のデザインは全体的な統一性をもつことになった。こうしたことから、一九七〇年大阪万博は「専門家のデザインによる社会統合」が志向されていたと考えることができる。

ところが二〇二五年大阪・関西万博ロゴマーク選考は、市民から案を広く集め、デザインの専門家がチェックをしたうえで多様なメンバーからなる選考委員会が審査し、最終候補案には市民から意見を集め、最後に選考委員会で票決するという形式で行われた。すでに述べたように、この形式は二〇二〇年オリンピック・パラリンピック東京大会のエンブレム問題とその後の新エンブレム選考をふまえての対応でもあった。ここではデザインの専門家がみずからロゴマークを作成するというより、市民参加型の選考を支援する役割として参加している点に特徴がある。こうしたことから、二〇二五年大阪・関西万博では「市民参加型のデザインを介した社会統合」が志向されるようになったと考えることができる[39]。

こうした「専門家から市民参加へ」という趨勢の背景にあるのは、多様性の肯定と専門家不信である。人びとの価値観の多様化は、専門家による一元的な対応の限界をあらわにした（エンブレム問題もこのバリエーションだと考えられる）。そしてこのことが「専門家が市民を牽引する関係」から「市民自身による選択を専門家が支援する関係」への移行を促すようになった。具体的に言えば、何かしらの意思決定を行うために市民参加型のワークショップなどを行い、そこで専門家がコーディネーターとして参加者の活動を支援するような形式である。本章はこうした形式の一形態として、市民参加型デザインがあると考えている。

それでは市民参加型のデザインには、どのような特徴があると考えられるのか。最後にこの点を述べたい。

●――賛否両論

一つ目は、市民参加型のデザインにおいては「賛否両論」を避けられないという点である。多様性が肯定され、専門家だけを信頼するのが難しくなってきた社会では、専門家による造形的な評価だけで市民を説得することはできず、より多くの人の話題になるかどうかが重要になってくる。その意味で賛否両論を避けられないという点は、「みんなが褒めるデザイン」から「みんなが突っ込めるデザイン」への移行を意味していると考えられる。

実際、賛否両論の声はキャラクター選考（二〇二一年）でも見られた。二〇二一年一〇月二五日に発表された「二〇二五年大阪・関西万博公式キャラクターデザイン募集」[40]では市民参加を導入し、①事務局による形式要件の確認（総数：一八九八）、②専門家（一三名）によるデザイン審査（絞り込み）、③キャラクターデザイン選考会（一一名）[41]による審査（三点を選定）、④知的財産関連調査、⑤最終候補（三点）の発表と一般意見募集（総数：四〇七〇四）、⑥キャラクターデザイン選考委員会による最終審査、という六段階で審査を行った。そして最終審査では「候補C」（mountain mountain案）に決まったが[42]、やはりこの決定案に対しても「かわいくて好き」「こういう世界観好きです」「これだけ印象があれば後世に残りそう」「怖い」「ぬいぐるみになったら子どもが泣きそう」「世界中から親しみがもたれなさそう」といった賛否両論の声が寄せられた[43]。

さらに、同様の展開は「二〇二五年大阪・関西万博公式キャラクター愛称公募」（二〇二二年）でも見られた。こちらも市民参加を導入し、①事務局による形式要件確認（総数：三三二九七）、②専門家（二〇名）[44]による一次審査（絞り込み）、③言語チェック、④キャラクター愛称選考委員会（九名）[45]による審査、⑤商標調査、⑥最優秀作品の決定、という六段階で審査を行った。そして選考委員会の協議によって「ミャクミャク」に決定したが[46]、やはりこの決定案もSNSで話題となり、たとえば「こわいデザインだったのを『いのちのかがやきくん』と親しみやすい名前をつけて慣れ親しんで威力を減して封印していたのに『ミャクミャク様』と再び畏怖の対象に戻した感じはある。解き放たれてしまった」といった意見もあった[47]。賛否両論のデザインは、時間が経過するにつれて評価が変化することもあるのだ。

●――二次創作

二つ目は、市民参加型のデザインにおいて「二次創作」をどのように認めるかである。二次創作といっても、クリエイティブ・コモンズのように条件設定の幅は多様であり、権利と二次創作の関係には慎重なバランスが求められる。とはいえ、こうした展開は「みんなで鑑賞するデザイン」から「みんなでイジるデザイン」への移行を意味していると考えられる。

たとえば日本放送協会（ＮＨＫ）の記事（二〇二〇年八月二七日）によると、大阪・関西万博のロゴマークの決定が発表されたとき、「ドーナツチェーン店の商品に似ているとか、民放の子ども向け番組に登場する毛むくじゃらのキャラ（赤いほう）を思い出すとか、スナック菓子のパッケージにそっくりだといった指摘」だけでなく、「ロゴをイメージしたパンを作ってツイッターにアップ」した人もいたようである。[48] また「アマチュアクリエイターたちの手により、ゲームやアニメ、さらにはキャラクターソング、ぬいぐるみまでが作られ、SNSはお祭り状態」になったという。「当初こそ『気持ち悪い』などネガティブな声もあった同ロゴマークだが、だんだんと『なんか可愛く見えてきた』と親近感を抱く声も多く見られるようになった」ようである。[49] こうした展開について、ロゴマーク原作者（代表）のシマダタモツは次のように語っている。

いろいろな意見があるでしょうし、むしろそれが「面白い」とポジティブに捉えています。ロゴマーク一つでこれだけ反響があるのは、いままでの仕事でなかったことです。ロゴを早速パロディに使ったり、ゲームにしたりする強者もいるそうですね（笑）。作品は自分の生み出した子どもみたいなものなので、皆さんに可愛がってほしいと思います。[50]

ここで重要なのは、シマダが市民の反応やインターネットでの展開を受け入れている点である。ロゴマークのパロディ画像やロゴを素材にしたゲームプログラムの作成は「自分の生み出した子どもみたいなもの」であり、ロゴマークへの「反響」となっている。シマダは人びとがロゴマークに関心をもつきっかけを提供したのであって、ロゴマークを育てていくのは「皆さん」というわけである。

こうした展開も二〇二〇年オリンピック・パラリンピック東京大会の新エンブレム選考と重なって見える点である。東京大会のエンブレムがあらためて発表されたときも、インターネットではパロディ画像やエンブレムの構造を解説する動画、そしてバリエーションを自動生成するジェネレーターなどが話題となり、原作者の野老朝雄はこうした展開を喜んだ[51]。運営側によって選ばれたエンブレムやロゴマークはそのまま人びとに受け入れられるというより、インターネットにおけるコミュニケーションの素材となり、またそのことを通じてオリンピックや万博への思いが深まることもある。

しばらくして二〇二五年日本国際博覧会協会は「ロゴマークを利用して創作されたもの（二次利用のものも含む）を製造・販売し利益を得る行為などは、当協会の権利を侵害する可能性があります」と注意を出しているが、その前置きには「本ロゴマークへの様々なご感想やご評価を発信いただいていることについて、重ねて感謝いたします」とも書かれている[52]。このようにインターネット上でシェアされる二次創作は肯定的な反応から便乗商法まで幅が広く、知的財産権上の運用方針を周知する必要も出てきたのである。

なお、こうした展開とは別に「VI（ロゴマークを中心としたデザインシステム開発）策定業務委託」も行われた（二〇二一―二〇二二年）。こちらは三者からの提案を四名の専門家で審査し、「1↓10（代表：引地耕太）」案に決定した[53]。このシステムのデザインポリシーには「デザインの中に『余白』を残すことで、拡張性を担保し、多くの人々へ参加と共創をうながしていきます」と書かれ[54]、やはりデザインへの市民参加が強く意識されている。

3・5　デザインの歴史社会学へ

本章は最初に一九七〇年日本万国博覧会（大阪万博）のマーク選考、次に二〇二五年日本国際博覧会（大阪・関西万博）のマーク選考に注目し、両選考の違いを「専門家から市民参加へ」という趨勢と関連づけて述べてきた。ここで明らかになったのは、市民参加型のデザインにおいては「賛否両論」を避けられないという点であり、これは「みんなが褒めるデザイン」から「みんなが突っ込めるデザイン」への移行を意味していると考えた。もうひとつは市民参加型のデザインにおいて「二次創作」をどのように認めるかという点であり、これは「みんなで鑑賞するデザイン」から「みんなでイジるデザイン」への移行を意味していると考えた。

本章のこうした説明は、従来のデザイン史とはかなり異なる。というのも、従来のデザイン史は造形的な評価を重視する傾向にあり、そこではどうしても専門家による優れたデザインが注目されるからである。そうした説明に対し、本章は造形的な評価ではなく、選考過程に注目した点に特徴がある。そしてマークの違いではなく、マーク選考の過程を歴史的に比較することで、デザインと社会がどのような関係にあったのかを明らかにした。こうした意味において、本章は大阪万博のデザインを対象にした歴史社会学的な検討だったのである。

註

（1）亀倉雄策（グラフィック）、河野鷹思（グラフィック）、原弘（グラフィック）、早川良雄（グラフィック）、勝見勝（評論家）、真野善一（インダストリアル）、豊口克平（インダストリアル）、宮島久七（インダストリアル）、小池岩太郎（インダストリアル）、我妻栄（インダストリアル）、剣持勇（インテリア）、樋口治（インテリア）、斎藤重孝（パッケージ）。

（2）河野鷹思（日本宣伝美術会中央委員、女子美術大学教授）、勝見勝（デザイン批評家）、桑原武夫（テーマ委員、京都大学人文科学研究所教授)、丹下健三(テーマ委員、東京大学工学部教授)、原弘(日本宣伝美術会中央委員)、真野善一(日本インダストリアルデザイナー協会理事、松下電器意匠部長)、新井真一(協会事務総長)。

(3) 伊藤憲治、仲條正義、大橋正、西脇友一、大高猛、西島伊三雄、亀倉雄策、早川良雄、片山哲夫、福田繁雄、加藤孝司、細谷巖、田中一光、山城隆一、永井一正、有限会社GKインダストリアルデザイン研究所、有限会社カック(KAK)。

(4) 勝見勝「万国博覧会公式シンボルマーク決まる!」『デザイン』美術出版社、一九六六年六月号。

(5) 「第3回常任理事会会議録」『日本万国博覧会公式記録 資料集別冊』日本万国博覧会協会、一九七一年、二七三頁。

(6) 同前、二七八—二八九頁。

(7) 『日本万国博覧会公式記録 第1巻』日本万国博覧会記念協会、一九七二年、六五—六六頁。

(8) 「第5回常任理事会会議録」『日本万国博覧会公式記録 資料集別冊』日本万国博覧会協会、一九七一年、六〇頁。

(9) 勝見、注(4)前掲論文。

(10) 渡辺力「宇宙的なひろがりを……」『デザイン』美術出版社、一九六六年六月号。

(11) 福田繁雄、早川良雄、亀倉雄策、河野鷹思、永井一正、大高猛が参加。総数二八点のなかから、海外向けポスターは亀倉雄策案、国内向けポスターは福田繁雄案に決定。

(12) 亀倉雄策、永井一正、早川良雄、福田繁雄、向秀男が参加。海外向けと国内向けをそれぞれ制作し、総数一五点のなかから福田繁雄案に決定。

(13) 「日本のまつり」のアートディレクターは大高猛、デザインは亀倉雄策、撮影は早崎治。「世界のこども」のアートディレクターは大高猛、デザインは細谷巖、カメラマンは安西吉三郎、イラストレーターは見上隆夫。

(14) 「真っ赤な球体をコンピューターで描いたもの」のアートディレクターは大高猛、デザインは石岡瑛子、写真は平島邦雄、コンピューターグラフィックスは幸村真佐男。「世界のこども」のアートディレクターは大高猛、デザインは永井一正、写真は高梨豊。

(15) 勝見勝、小池岩太郎、真野善一、田中千代、浜口隆一。

(16) 加島卓『オリンピック・デザイン・マーケティング』河出書房新社、二〇一七年、四一―八六頁。

(17) 「大阪万博――マーク、ピリピリ　五輪エンブレムは騒動　候補作ネット公開／海外の商標調査」『毎日新聞』二〇一七年四月一二日付朝刊。

(18) 「2025日本万国博覧会　誘致活動のためのシンボルマーク募集要項」大阪府制作企画部万博誘致推進室、二〇一七年三月二七日。

(19) 『大阪・関西万博誘致活動の軌跡』二〇二五日本万国博覧会誘致委員会、二〇一九年、三八頁。https://www.osaka.cci.or.jp/2025expo/kiseki/ex2025kiseki.pdf

(20) 同前、三九頁。

(21) 「大阪万博誘致のロゴマーク決定……「笑顔の輪」イメージ　一般投票2位も専門家検討で選定」THE SANKEI NEWS、二〇一七年六月七日、https://www.sankei.com/west/amp/170607/wst1706070074-a.html

(22) 高橋善丸（大阪芸術大学デザイン学科長）、高田雄吉（日本タイポグラフィ協会理事）、清水柾行（日本グラフィックデザイナー協会運営委員）、上田正尚（日本経済団体連合会産業政策本部長）、阿部孝次（関西経済連合会理事）、武田家明（経済産業省商務流通保安グループ博覧会推進室長）、榮野正夫（2025日本万国博覧会誘致委員会事務局長）。

(23) 「笑顔マーク「こんにちは」万博　大阪誘致ロゴ決定」『読売新聞』二〇一七年六月八日付朝刊（大阪版）。

(24) 「万博、笑いの街へ　大阪の誘致委、ロゴ決定」『朝日新聞』二〇一七年六月八日付朝刊。

(25) 「2025年国際博覧会の誘致ロゴマークが決定」『よどマガ！』三九号、大阪市淀川区、二〇一七年七月。https://www.city.osaka.lg.jp/yodogawa/cmsfiles/contents/0000404/404734/yodomaga17-07_p09.pdf

(26) 加島、注(16)前掲書、二〇五―二五九頁。

(27) 「万博ロゴ　類似作防げ　近く公募　50か国に照会　徹底審査」『読売新聞』二〇一九年九月一四日付夕刊

（大阪版）。

(28) 加島卓「デザイン選考における専門家と市民の関係――2025年大阪・関西万博ロゴマークと2020年東京大会エンブレムの比較」『東海大学紀要 文化社会学部』第五号、二〇二一年二月。https://cir.nii.ac.jp/crid/1390572174723509248

(29) 「大阪・関西万博ロゴマーク募集のご案内 応募要項」二〇二五年日本国際博覧会協会、二〇一九年一〇月三一日。

(30) 石川竜太（アートディレクター、株式会社フレーム代表取締役）、伊藤透（公益社団法人日本パッケージデザイン協会理事長）、岩上孝二（デザインプロデューサー、崇城大学芸術学部教授）、小川明生（グラフィックデザイナー、株式会社ティ・エム・シー代表取締役）、カイシトモヤ（アートディレクター、東京造形大学准教授）、鎌田順也（アートディレクター、グラフィックデザイナー）、官浪辰夫（デザインコンサルタント）、木住野彰悟（アートディレクター、グラフィックデザイナー）、関本明子（グラフィックデザイナー、アートディレクター）、辰巳明久（京都市立芸術大学美術学部教授）、田中光敏（学校法人塚本学院、大阪芸術大学教授、映画監督）、出口智彦（株式会社モノクロ代表）、永井一史（公益財団法人日本デザイン振興会理事）、藤田春香（株式会社京都アニメーション演出）、増永明子（グラフィックデザイナー）、水野学（クリエイティブディレクター、good design company 代表）、宮崎桂（公益社団法人日本サインデザイン協会会長）、吉岡恵美子（キュレーター、京都精華大学副学長）。

(31) 安藤忠雄（建築家、座長）、荒木飛呂彦（漫画家）、河瀬直美（映画監督）、澤穂希（元サッカー日本女子代表）、根本かおる（国際連合広報センター所長）、林いづみ（弁護士、桜坂法律事務所）、原研哉（グラフィックデザイナー）、畠山陽二郎（経済産業省大臣官房商務・サービス審議官）、二宮雅也（日本経済団体連合会、企業行動・SDGs委員長、損害保険ジャパン株式会社会長）、松井冬子（日本画家）、ヨシダナギ（フォトグラファー）。

(32) 前掲「大阪・関西万博ロゴマーク募集のご案内 応募要項」。

(33) 大阪・関西万博のロゴマーク選考では、二〇一九年一一月一〇日から一二月一日にかけて全国九か所の図書館（大阪府立中央図書館、野々市市立図書館（石川県）、あかし市民図書館（兵庫県）、長崎市立図書館（長崎県）、豊田市中央図書館（愛知県）、玉野市立図書館・中央公民館（岡山県）、大和市立図書館（神奈川県）、つがる市立図書館（青森県）、恵庭市立図書館（北海道））で「みんなでつくろうＥＸＰＯ２０２５『ロゴマークをデザインしてみよう！』」というＰＲイベントを開催している。これはロゴマークの制作を通じて「万博への関心を深めてもらうこと」を目的としたワークショップで、全国で約三九〇名が参加したという（「みんなでつくろうＥＸＰＯ２０２５『ロゴマークをデザインしてみよう！』」二〇二五年日本国際博覧会協会、二〇一九年一二月一八日。https://www.expo2025.or.jp/report/report-20191218/）。

（34）「２０２５年日本国際博覧会 ロゴマーク最終候補作品５作品を発表」公益社団法人２０２５年日本国際博覧会協会、二〇二〇年八月三日。

（35）「２０２５年大阪・関西万博ロゴマーク最終候補作品に関する意見募集レポート」二〇二五年日本国際博覧会協会、二〇二〇年八月二五日。https://logo.expo2025.or.jp/img/public_comment_report.pdf

（36）「大阪・関西万博　公式ロゴマーク決定！」公益社団法人２０２５年日本国際博覧会協会、二〇二〇年九月一八日。https://www.expo2025.or.jp/report/report-20200918/

（37）「【２０２５年大阪・関西万博】万博のロゴマーク「良いと思う」は41・0％」日本トレンドリサーチ、二〇二〇年八月二七日。https://trend-research.jp/4446/

（38）「万博ロゴ　議論の輪」『読売新聞』二〇二〇年八月二七日付朝刊（大阪版）。

（39）万博のマーク選考で市民参加が導入されたのは二〇二五年大阪・関西万博からであり、一九七五年の沖縄国際海洋博覧会（永井一正案）、一九八五年国際科学技術博覧会（田中一光案）、一九九〇年国際花と緑の博覧会（勝井三雄案）、二〇〇五年日本国際博覧会（大貫卓也案）までは専門家による選考を行っていた。

（40）上西祐理（アートディレクター、グラフィックデザイナー）、金田享子（公益社団法人日本サインデザイン協会常任理事）、工藤〝ワビ〟良平（アートディレクター）、関本明子（グラフィックデザイナー、アートディレクター）、田中里沙（事業構想大学院大学学長、宣伝会議取締役）、永井一史（公益財団法人日本デザイン振興会理事）、中村至男（グラフィックデザイナー）、野村辰寿（アニメーション作家、多摩美術大学グラフィックデザイン学科教授）、原田祐馬（デザイナー）、平井りゅうじ（大阪芸術大学キャラクター造形学科教授）、三木健（グラフィックデザイナー）、吉岡恵美子（キュレーター、京都精華大学副学長）、和田敏克（アニメーション作家、東京造形大学アニメーション専攻教授）。

（41）原研哉（グラフィックデザイナー）、井口皓太（映像デザイナー、クリエイティブディレクター）、石川和子（一般社団法人日本動画協会理事長）、江口あつみ（江崎グリコ株式会社執行役員経営企画本部コーポレートコミュニケーション部長）、齋藤精一（パノラマティクス主宰クリエイティブディレクター、PLLクリエイター）、シマダタモツ（グラフィックデザイナー）、五月女ケイ子（イラストレーター、エッセイスト）、中川翔子（歌手、タレント）、畠山陽二郎（経済産業省商務・サービス審議官）、堀井雄二（ドラゴンクエスト、ゲームデザイナー）、守屋貴行（株式会社ＡｗｗＣＥＯ）。

（42）「公式キャラクターについて」公益社団法人２０２５年日本国際博覧会協会、二〇二一年。https://www.expo2025.or.jp/overview/character/

（43）「２０２５年大阪・関西万博キャラクターデザイン 最終候補作品に関する意見募集レポート」公益社団法人２０２５年日本国際博覧会協会、二〇二二年。https://www.expo2025.or.jp/wp/wp-content/themes/expo2025orjp_2022/assets/pdf/logo/public_comment_report.pdf

（44）安藤真理（グラフィックデザイナー）、家田利一（クリエイティブディレクター、コピーライター）、生駒達也（コピーライター）、川上毅（コピーライター、ＣＭプランナー）、川之上智子（コピーライター）、川原綾子（コピーライター）、笹尾進（コピーライター）、佐藤舞葉（コピーライター）、下津浦誠（クリエイティブディレクター、コピーライター）、田中有史（コピーライター、クリエイティブディレクター）、西橋裕三（コピーライター）、西山智香（コピーライター）、船引悠平（コピーライター）、古屋彰一（クリエイティブディレクター、コピーライター）、松尾昇（コピーライター）、安田健一（クリエイティブディレクター、コピーライター）、山中貴裕（コピーライター）、山中康司（コピーライター、ＣＭプランナー）、山本俊治（クリエイティブディレクター）、米村拓也（コピーライター）。

（45）仲畑貴志（コピーライター、クリエイティブディレクター）、ａｉｋｏ（シンガーソングライター）、飯田朝子（言語学者、中央大学教授、日本ネーミング協会理事）、尾形真理子（クリエイティブディレクター、コピーライター）、柿原アツ子（川崎重工業株式会社執行役員・マーケティング本部長）、シマダタモツ（グラフィックデザイナー）、畠山陽二郎（経済産業省商務・サービス審議官）、原研哉（グラフィックデザイナー）、山下浩平（mountain mountain 代表、デザイナー、絵本作家）。

（46）「公式キャラクターについて」公益社団法人２０２５年日本国際博覧会協会、二〇二二年。https://www.expo2025.or.jp/overview/character/

（47）「大阪万博キャラ、愛称決定で〝ミャクミャク様〟とあがめられる「村の土着神ぽい」「畏怖の対象に戻った」」ねとらぼ、二〇二二年七月一九日。https://nlab.itmedia.co.jp/nl/articles/2207/19/news082.html

（48）「デザイン発表で反響広がる――万博ロゴマークにつながる思いとは」ＮＨＫ、二〇二〇年八月二七日。https://www3.nhk.or.jp/news/html/20200827/k10012586251000.html

（49）「「気持ち悪い」から「ＳＮＳ大喜利」に転化――大阪万博ロゴマークの生みの親も感動「この現象こそアート」」ＯＲＩＣＯＮ ＮＥＷＳ、二〇二〇年九月一七日。https://news.yahoo.co.jp/articles/9483a20ee6a0e55377d5deefe0d0f2421cae90

（50）シマダタモツ「世の中に迎合しない作品を創る」『Voice』ＰＨＰ研究所、二〇二〇年一一月号。

（51）加島、注(16)前掲書、三四九―三五一頁。

（52）「ロゴマークへのご関心についての感謝とご利用上の注意」公益社団法人２０２５年日本国際博覧会協会、二〇二〇年九月七日。https://www.expo2025.or.jp/news/news-20200907/

（53）シマダタモツ（グラフィックデザイナー）、田中一雄（インダストリアルデザイナー）、永井一史（アートディレクター、クリエイティブディレクター）、宮崎桂（クリエイティブディレクター、サインデザイナー）。

（54）「EXPO 2025 Design System」公益社団法人２０２５年日本国際博覧会協会、二〇二二年。https://www.expo2025.or.jp/overview/design_system/

第4章　時のつらなり
――相澤次郎のロボットと一九七〇年大阪万博

鯖江秀樹

4・0　問題の所在

●――物の喚起力

筆者の関心の所在を明確にするため、最初に回り道することをお赦しいただきたい。

大ヒット作『テルマエ・ロマエ』で知られる漫画家、ヤマザキマリ（一九六七―）の『ルミとマヤとその周辺』では、二種類の「筆箱」がストーリーの鍵になっている。一方はビニール製の両面式で、人気のキャラクターがプリントされた最新型の高価なもの。他方は布や木やブリキでできた、ごくありきたりな古びたそれ。たとえば、貧しい家庭の父親が子にプレゼントした手づくりの筆箱をめぐる逸話は涙なしに読めないほどだ。ヤマザキは、事情があって高価な筆箱を我慢するほかない子どもたちの側に立ち、彼らに温かいまなざしを注ぐ。そうして読者はヤマザキが過ごした懐かしい子ども時代に誘われていく。(1) だが、ノスタルジーに浸ることなく冷静に考える。『ルミとマヤとその周辺』は作者の半自伝的作品だという。だとすると、物語の舞台は一九七〇年代の北海道ということになるが、そんな片田舎の小学生たちにも、流行の筆箱を羨ましがらせる消費文化の波、その際限なき欲望が押し寄せていたということを、この物語は教えてくれる。

このことに触れたのはほかでもない、それが、前世紀後半以後の日本の主だった博覧会をプロデュースした泉眞也（一九三〇―二〇二二）が語ったモダン・デザインのパラダイムシフトと符合するからである。キヤノン初の工業デザイナーとして出発した泉は、大学で製品として質の良いものを目指すヨーロッパ発の「バウハウス的な考え方を徹底的に叩き込まれた」。だが、戦後日本がアメリカから学んだデザインは正反対に、消費者が求める「スタイリング」を重視した。「内容が同じでも形が変われば、それは別の製品」なのだ。(2)『ルミとマヤとその周辺』で悲喜の引き金となる憧れの筆箱は、いわば「スタイリング」の産物である。ヴィクター・パパネックは『生きのびるためのデザイン』で、消費を煽るインダストリアル・デザインのあり方を強く批判したが、この著作は一九六〇年代を通じて準備された。(3) 他方、泉は制作者と消費者、作り手と送り手の両方の視点に立つことを、工業デザイナーとして常に重んじていた。そんな彼が、開催の最中であった一九七〇年大阪万博（以下、七〇年博と略記）について核心を突く見解を示している。泉に言わせれば、デザイナーの立場からすると有意義な七〇年博会場も、観客の視点では「異様な空しさ」に包まれているという。なぜなら会場では、光や反映や音響や霧や煙など、作家たちが追い求めた素材＝物が騒々しく変化し、動き、

「その騒音の中に人間は」「ただ茫然としていた」だけだったからだ。してみれば、「デザインという行為は人と物との間にあった個有の意味を失わせ、相互に砂のように無縁に存在させてしまった」のではないか――そう泉は自問している(4)。

多数の人びとを共通の空間におき、共通の大音響を浴せれば、それが共通の経験であり、体験であるというのは、あまりにも皮相であり図式的だ。共通の経験、共通の体験を与えたければ、各人の過去の経験の中で共通している部分を静かに刺戟すればいい。経験というのは事件の現場での経過のことではない。さまざまな経過は、心の深層に沈んでしまい、ある日、ふと、よみがえってくる。そのとき、初めて人は、その事件を経験する。刺戟と経験は分けて考えるべきだろう(5)。

泉がいみじくも七〇年博の教訓として伝えてくれるのは、現場での刺激的な経験ではなく、事後的に作用する「物の喚起力」である。全体は忘れても個別の物だけが記憶に甦る、あるいは逆に、特定の物が出来事の全貌を思い出させてくれる。そうした物と人との相互作用こそが、泉の語る「個有の意味」にほかならない。

●――ロボという盲点

僭越ながら迂回を経ることで明るみになったのは、万国博覧会というイベントの盲点である。それは未来志向で考えられ、語られがちで、将来を豊かにするための最新の機器やテクノロジーに目も心も吸い寄せられてしまう。しかし、七〇年博について言えば、実際にはふたつのタイプの「物」ないしはその「かたち」のせめぎ合いの場であったというのがより正しい。泉もまた、七〇年博のデザインに厳しい判定を下すなかで、「確かな存在感をもつ物」の具体例として、イサム・ノグチの噴水、黒川紀章のテトラ・フレーム、フランス・ピータースの彫刻と並んで、「ヒトガタ」の価値を高く評価した。たとえば、せんい館における四谷シモンの人形について、「素材が人の形をとったとき」「物質は物質以上のものであり、形は単なる形を越えた何ものかである」と診断している。本章ではこの言葉に着想を得て、七〇年博で活躍しながら、その研究で長らく見落とされてきた過去志向のヒトガタの物、すなわち「ロボット」に光を当てる。

その形姿については後で詳しく検討するが、本章が取り上げる「ロボット」は、その語を聞けばほとんどの人がそう描いてしまう典型的なイメージを帯びる。すなわち、顔と手足があり、胴体は四角く箱型、メタリックなボディをもつおもちゃのような古風なロボットである。よく知られるキャラクターでは、鉄人28号や『スターウォーズ』のC-3POを思い出してもらえばいい。そのようなオールドタイプのロボットが七〇年博には数多く存在した。そして、その制作に深く携わったのが相澤次郎（一九〇三―一九九六）である。（奇しくもヤマザキが幼少期を過ごした北海道出身である）相澤が生涯で制作したロボットの数は八〇〇体に及ぶとも言われ、「ロボット博士」の異名をもつ人物だった。

万博同様、ロボットについての既往研究も枚挙にいとまがない。[6] だが、前述のように、万博研究の一環として、とりわけ相澤次郎のロボット――以下では愛着をもって「ロボ」と記す――が学術的な対象として注目されたことはなかった。他方、彼らについては不明点、事実誤認、流言も多い。そのため本章では事実確認の作業を挟みつつ、以下の手順で時間をさかのぼるように考察を進める。次節では、フジパン・ロボット館について基礎的な情報を確認する。そもそも製パン会社の企業館であるにもかかわらず、そこでパン商品のプロモーション活動が大々的に行われた形跡がないのはなぜか。その疑問について、創業以来の「企業精神」に言及しながら答えていく。4・2節では、相澤のロボの形姿の特徴について明らかにしていく。不思議なことに彼のロボは、いわゆるレトロ・ロボットの典型でありながら、ロボット史、マンガ史、玩具史のいずれからもこぼれ落ちてきた対象であった。[7]フォルマリスティックな分析よろしく、その形態の必然性を他の関連物と比較しながら明らかにする。4・3節では視線を転じて、相澤次郎その人に目を向け、第二次大戦以前の活動を検討する。先に述べておくと、若くして発明の才能を発揮した相澤は、ロボットだけに執着した「マニア」ではなかった。「電気工作」を軸とするものづくりを守備範囲とする技師にして科学者だったと言っていい。未来志向に傾きがちな万国博覧会で、記憶の琴線に触れる懐かしいロボットが「物」としての存在感を放ったのは、相澤がそうした曲折を経験してきたからにほかならない。最終節では、ロボと七〇年博のつながりについて、ジョージ・クブラーの「シークエンス」をはじめとする概念を援用して結論づける。筆者は本章で一貫して、このクブラーの説く「歴史家」としてふるまおうとする――「歴史家は年代記編者や年代記作家ではないのだから、扱う対象が存在した時代にはむしろ見えなかったパターン、彼が見抜くまでは誰にも知られていなかったパターンを世に知らせるのである」。[8]

4・1　忘れられた企業館

●――フジパン・ロボット館

参加国および企業パビリオンは多くの関心を集める万博の花形である。しかしながら、七〇年博でその意義が十分に検討されてきたと言いがたいのがフジパン・ロボット館である。このパビリオンについて基本的な情報を確認する。

七〇年博の会場は中国自動車道で大きく二分されていた。その北側がお祭り広場と主要パビリオンを擁するメイン会場。対して、南側の中心部を占めていたのがエキスポランドであった。二〇一五年にこの区画は大型複合施設「ＥＸＰＯＣＩＴＹ（エキスポシティ）」としてリニューアルしたが、当時は遊園地の周囲に、エキスポタワーや国際バザール、ラテナ・マジカ劇場などが立ち並んでいた。パビリオンとしては、よく知られたペプシ館のほか、ミュンヘン市館、サンフランシスコ市館が配されていた。協会本部や設備関連施設が置かれていたのもこの南側のエリアであった。フジパン・ロボット館はエキスポランドの北、そのメインゲートに近い位置にあった。

建物の外観を紹介する（**図4・1**）。芋虫の背中のようになだらかに湾曲した黒と黄のストライプが印象的で、「中央の〝背中〟の部分にキラキラ光るミラーボールを取付けた高さ三五メートルのテーマ塔が立ち、昆虫の触角を思わせた」という[9]。ただしこの外観は実際には、昆虫ではなくパンをモチーフにしたものだった。館の建築面積は一五七四平方メートルで、それを目安とするなら、ア

図4・1　フジパン・ロボット館外観

出典：万博記念公園ホームページ（https://www.expo70-park.jp/cause/expo/fujipan_robot/）

イ・ビー・エム館（三六六六平方メートル）やクボタ館（三五一〇平方メートル）などの中規模の企業パビリオンには及ばないものの、タカラビューティリオン（一〇〇〇平方メートル）に勝る大きさであった。

フジパンはこの館のテーマを「子どもの夢」とした。館内では数多くのロボットが来場者を出迎えた。エキスポランドに近いこともあって集客も上々だった。フジパン社史ではそのことが誇らしげにこう回顧される。「高度成長を続ける日本は世界第二位の経済大国へと駆けのぼった。その経済力を背景に一九七〇年三月十四日から九月十三日までの約半年間、大阪千里丘陵にて『人類の進歩と調和』をテーマに日本万博博覧会が催された。世界八十か国が参加したその大阪万博に、フジパンは、国内外の超一流企業と肩を並べて、パン業界で唯一の単独出展を果たし、世間をあっといわせた。しかもフジパンの『ロボット館』は、会期中に訪れた延べ六二〇〇万人以上の入場者中、その一割余りにあたる六五〇万人を集め、一〇〇を超すパビリオンのなかではトップ一〇に入る人気を呼んだ[10]。企業の多くが七〇年博にグループで参加したなか、単独で参加したフジパンは、すくなくとも観客動員で大成功を収めていたことになる。経済効果とともにこの数値が博覧会の成否を測る指標としていまだ有効なら、このパビリオンは学術的な考察に資する「価値の高い」館だったはずなのだ。

ではなぜそれが、研究者たちの関心を惹かないまま、七〇年博の盲点となってしまったのか。その理由は察しがつく。フジパン・ロボット館は、その立地といいテーマといい、あまりに「子ども向け」だった。パビリオンというよりは、子どもたちを楽しませてくれる遊園地の一施設という認識がまかり通っていたと予測される。そうした認識にいち早く警鐘を鳴らしていたのがほかでもなく相澤次郎だった。ちなみに、パビリオンはその後、ロボットたちとともに愛知県青少年公園へ移築されて長らく愛されてきたが、新施設の建設（一九九四年）および愛知万博（二〇〇五年）で姿を消すこととなった。対してロボットの一部は、（後で紹介するように）二〇二二年オープンのジブリパークでにぎわう「愛・地球博記念公園（モリコロパーク）」の一角でいまも健在である。ロボットという物と博覧会の「つらなり」はいまなおひっそりと継続しているのである。

次に、パビリオンのテーマであった「子どもの夢」の内容を紹介する。館内は三つのセクション、すなわち「ロボットの森」「ロボットの街」「ロボットの未来」に分かれていた。最初のセクションではロボットの発展が通史的に示され、第二のそれではロボットによるショーと演奏が繰り広げられ、最後には実用化にむけた試作段階のロボットが紹介されていた。企画全体のプロデューサーとして漫画家、手塚治虫がクレジットされていた。[11] 言うまでもなく手塚は鉄腕アトムの生みの親であるが、その事実とロボット館のプロデュースという肩書はいかにも相性が良いため、かえって事実誤解を招いてきた。すなわち、「大小五〇近く」配置されたロボットは、手塚が直々に手がけたのではなく、相澤こそがそのデザインの担い手であった。そもそも、手塚が七〇年博前後で生み出した魅力的なキャラクターたちと、パビリオンにお目見えしたロボットはあまりにかけ離れている。『火の鳥』に登場する労働マシン「ロビタ」やアトムのライバル「プルートゥ」は旧式のロボと言えるが、フジパン館のロボットたちと似ていると断言するのはきわめて困難である。

ここで、手塚と万博との屈折した関係にも触れておく。手塚治虫公式ホームページでは、万博関連の仕事として、七〇年博のパンフレットにむけた会場マップや「科学万博　つくば'85展」のポスターなどが挙げられている。加えて、太陽の塔をデフォルメしたパロディ「万博怪獣エキスポラ」(『少年マガジン』表紙)という不穏な影を帯びたイラストも残している。[12] これら一連の仕事のひとつが、フジパン・ロボット館でのプロデュースというわけだが、本人は七〇年博について、「気楽に見物したい」という見出しのもと、紙面で次のような発言を残している。「一言にしていえば、万国博はお祭りにすぎない」「問題は終わったあと始末である。ここではじめてわれわれは、関係者にたいして言うべきことを言い、徹底的に糾弾をやるならやるべきである」「ここで改めて考えるのは、こういった催しに対するプランナーやアイデアマンの不足である」「ぼくもいくつかのアイデアを、ほとんど奉仕のかたちで持っていかれてしまったが、仲間と、もう二度と縁の下の力持ちはするまいと誓ったくらいだ[13]」。文明論者の顔をもつ手塚は万博に怒っていたのだ。

●——企業精神と工場

七〇年博にお目見えしたロボ、それが内包する科学や人類の創造性は、ではなぜ、フジパンという製パン業会社によって上演されることになったのか。この点については決定的な答えが出せるわけではないが、状況証拠ならいくつか示すことができる。

まず、単館出展を決断した張本人、フジパン創業者で当時会長職にあった舟橋甚重（一九〇〇—一九七六）を挙げないわけにはいかないだろう。フジパンは一九二二年、名古屋市のパンと和菓子の製造販売所「金城軒」からスタートした。戦火の前後の苦境を乗り越え、企業として大きく成長を遂げたが、それでも万博への参加については異論もあったという。「当時のフジパンは資本金四億五〇〇〇万円、年間売上げ七一億円。パン業界では大手とはいえ、その資本金の半分近くを費やして万博に参加することには、当初、社内でさえ反対の声が大半を占めた。それに対して甚重会長は、日本、ひいてはアジアのパン屋を代表して参加するのであり、国家社会にご奉仕する心が『ロボット館』を出すのだとして、断固として出展に踏み切った[14]」。結果的に成功を収めたのはすでに述べたとおりである。「世界の国々や大企業と並んで単独出展した快挙は、フジパンの心意気と知名度を日本中に知らせる宣伝効果をもたらし、その後の飛躍のジャンピングボードとなった[15]」。

フジパンはそれまで、東海、関東、近畿が主たる販売地域であったが、七〇年博以後はさらに、中国、九州地域にも進出した。さらには海外への販路開拓も同じ時期に始まった。そのことに鑑みれば、上記の引用は決して大げさではない。他方、「国家社会にご奉仕する心」とは、政府が率いるイベントにいかにもお誂え向きの言葉のようにも響く。しかしながら、この企業が歩んだ歴史は現に、厄災に対する社会貢献に彩られていた。このことは、すくなくとも全国紙レベルでほとんど報じられていない。この見えにくい事実がフジパンの企業気質の核にある。

たとえば、第二次大戦直後の事業再開にまつわる苦労話は社史でもクローズアップされている。学校給食用のパンを納入するなど、「奉仕が第一、利益は第二」の精神に徹した。年譜ではそれ以上に、災害時におけるフジパンの食糧配給事業がひときわ目を惹く。関東大震災（一九二三年）、伊勢湾台風（一九五九年）、長良川決壊（一九七六年）、雲仙普賢岳噴火（一九九一年）など、甚大な自然災害のたびにパンの無償提供を続けてきた。実は、博覧会への参加はそうした機動的な援助と並行関係にあったのである。一九八八年には、七〇年博の再来とばかりに、ぎふ中部未来博でスペースシャトルを模した「未来館」を出展した[16]。その後も世界デザイン博覧会の「ホワイトミュージアム」（一九八九年）、花と緑の博覧会（一九九〇年）の「グリーンミュージアム」など、単館出展は継続された。

被災地支援と博覧会ばかりではない。フジパンは宣伝活動にも熱心で、コマーシャルソング（一九六〇年）をいち早く取り入れ、さらには商品パッケージにキャラクターを導入した（一九八〇年）。そうした宣伝戦略としてもっともよく知られるのが、テレビアニメ「それいけ！　アンパンマン」（一九八九年）の全国放送提供であった。そもそも創業者は派手な宣伝告知を好んでいたようで、新工場のPRとして、一九五二年に「落下傘にあんパンをぶら下げて、飛行機から二〇〇〇個ほどばらまく」という度肝を抜くパフォーマンスも決行している[17]。

このことに加えて強調しておきたいのは、これほど大胆な広告を打つだけの資本力をフジパンが備えていたことである。それを支えたのは積極的な設備投資であったとみて間違いない。一九五二年の名古屋工場での機械化による生産に始まり、一九五八年には日本初の「全製品完全自動包装」を実現した。その後も販路の拡大にあわせて各地に大規模プラントを建設した。この生産力こそがイメージ戦略の背景にある。フジパンの中核は「工場」にこそあった。詳しくは4・3節で検討するが、相澤もまた工場と深い縁をもっていた技師だった。相澤とロボをめぐるつらなり＝シークエンスをここでも発見できる。七〇年博の小さな観客たちを魅了した「子どもの夢」は、こうした社会的かつ企業的基盤に下支えされていたのである。

4・2 形姿と機能

●——ロボのかたちと役割

この節でも時間をさかのぼるように議論を試みる。

相澤が制作したロボは日本各地で今なお活躍中である。筆者はそのうちのひとつ、先に触れた愛・地球博記念公園にある愛知県児童総合センターのロボたちを訪ねた。そこには「ロボットシアター」[18]が常設され、三〇分に一度、ピアノ、パーカッション、ハープという編成で演奏が披露されていた。七〇年博組のロボの傷みは激しく、一部は稼働するものの、今となっては録音再生のショーにすぎな

図4・2　ピアノ演奏ロボット
愛知県児童総合センター「ロボットシアター」にて筆者撮影。

かった。

　そのうちのひとり、ピアニストのロボを見てみよう（**図4・2**）。全身はシルバー。胴体と頭部は円筒型で、成型された薄板が筒状にビス留めされている。やはり薄くプレスされた金属板はカールした髪の毛として頭部に接合されている。手足と頸部は金属パイプ製で、関節のジョイント具合からすると、手足は上下方向に動かすことができたはずだ。ピアノのペダルは足に連結している。いまや宙に浮いたままのピアニストの指はどんなメロディーを奏でていたのだろうか。

　相澤のロボたちはこのように、科学館や文化施設などで、今なお子どもたちの目を楽しませている。それらはいずれも「家庭向き」のもので、歩いたり話したり、握手したりする機能をもった「親近感のある」

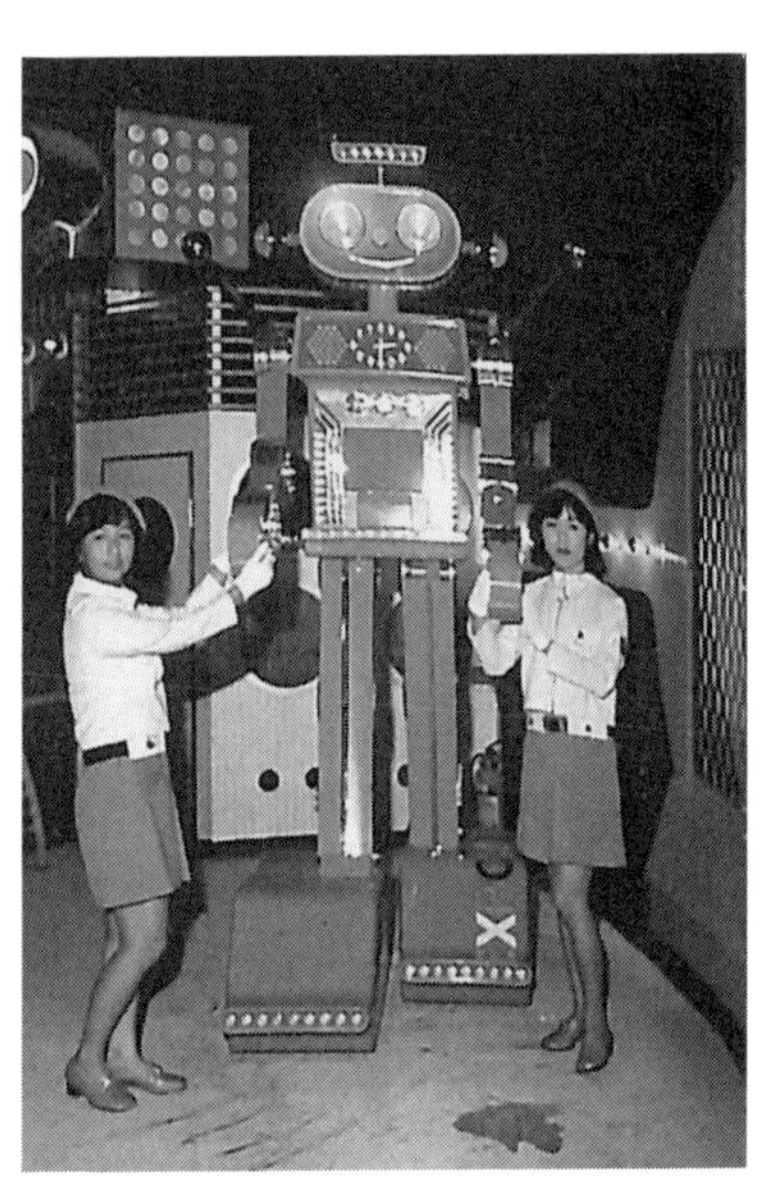

図4・3　会場の目玉のひとつだったジャイアントロボ
出典：『日本万国博覧会公式記録写真集』日本万国博覧会協会、1971年、358頁。

タイプだという共通点をもつ[19]。もうひとり、七〇年博を盛り上げた典型例を挙げておこう。「バンパク君」ないしは「ジャイアントロボ」と呼ばれたロボである（**図4・3**）。これに限らず、手と足、胴体と頭部をもつ人型を相澤は多く開発した。ブリキあるいは超合金のおもちゃのような風貌で、メタリックな処理の躯体も特徴である。さらに動作（やそれを思わせる機構）に注目すると、ゼンマイ仕掛けのからくり人形のような雰囲気があり、関節部を設けて可動域が確保されている。そこから想像できることだが、相澤のロボは決して「置き物」ではなかった。手を挙げ、歩き、音や光を発するなど、単純ながら複数の機能が組み込まれていた。そのためであろう。ロボは足部が巨大で、これが転倒を防ぐとともに大きな形態的特徴となっていた。つまり、フジパン・ロボット館で活躍していたのは、アトムのように、人肌に近いシームレスなデザインではなく、ぎこちなく、継ぎ目や留め具だらけのハードエッジロボットであった。ただし、だからと言ってこのタイプが子どもたちにとって魅力を欠いていたとは思えない。事実、ジャイアントロボは現地を訪れた皇室一家、とりわけ当時小学生だった浩宮様（現天皇陛下）

と礼宮様（現秋篠宮殿下）をおおいに喜ばせもしている（図4・4）。

●――しかし夢は消えた

相澤との関連に不明な部分が多いものの、七〇年博の「お祭り広場」で活躍したペアのロボット「デメ」と「デク」にも触れておくべきであろう。写真で多く記録されたのは、可動式で開会式の盛り上げに一役買ったデメであった（図4・5）。その広場の演出設計を担当した磯崎新（一九三一―二〇二二）の報告によれば、二台の大型ロボの役回りは会場全体を統御する「メインコントロールルーム」とは別系統の「可動なエンタテイメント装置」であったという。具体的な機能は次のように説明される。

図4・4　ジャイアントロボと浩宮様と礼宮様
出典：創業80周年社史編纂プロジェクトチーム『パンの道80年　お客様の喜びを糧に』フジパン、2003年、60頁。

ローカルな音・光のコントロール（舞台上の音のミキシング、光の調光・調色）や、ロボットの周囲の環境を検出（色の判別、音のレベル分け）し、メインに送る情報収集があり、自走式で広場内を走り、イヴェントでのその最も効果的な位置を設定することが出来る。

図4・5　霧を吹くデメ
出典：『日本万国博覧会公式記録写真集』日本万国博覧会協会、1971年、26頁。

これらの中枢的な役割以外にも、大道具ユニットの組立、大道具・小道具の運搬などの荷役作業や、照明・音響用のタワー、楽屋およびステージ、艤装効果装置（音・光・ニオイ・キリ）などがあり、劇場での舞台装置そで各種装置をも兼ね設えている。
また、各種艤装装置は床コンセントを通じてメインとつながり、プログラムによる自動演奏が可能である。またこれはロボット艤装操作卓より手動運転も可能で、お祭り広場の雰囲気に応じたきめこまかな演出をも可能にしている。[20]

磯崎の意図は人間の知覚を無媒介的に刺激し、視覚的幻覚を誘発しようとする「サイバネティック・エンバイラメント」の実現にあったが、デメとデクはその一翼を担う多目的マシンであった[21]。だが、ここではあえてロボのかたちに目を向けよう。これもあまり知られていない話だが、デメとデクのデザインについては実は相澤が関与している。本人の言によると、広場演出装置であるロボットについては事前に博覧会事業部の相談を受けたという。相澤はデメとデクの開発アドバイザーのような役目を果たしていたことになる。ただ興味深いのは、実現した巨大ロボの形姿は、相澤が思い描き、指導したものとは大きく違っていた、ということである。

ところで大衆を対象としたロボットの条件は前述の如く姿、言語、動作が最も大切である。私の所に万国博の事業部の人が来た時には、私の気持ちでは足はタンクのキャタピラのような機構で、上面のカバーには手摺りがあって子供達が乗り込み移動が出来、胸の処の操縦席には技術者が乗り込み、前後左右の窓から四方を見る、クレーンのような上下左右動の腕、投光球の大きな目、胸上方の電光報知板、見事な大口唇、電波と音波光波をミックスした世界最高級の英才ロボットが誕生するものと考えていた。しかし夢は消えた。[22]

完成品および先の磯崎の報告書と比べると、デメとデク、それと相澤の理想像は、操縦席の位置、口とアームの有無など、多くの点で異なっている。また磯崎がこれらのマシンをあくまで広場の演出装置と理解していたのに対して、相澤は子どもたちを乗せて楽しませる「動く乗りもの」とみなしていたという相違も見逃せない。とくに最後の点について、相澤は「子供たちを軽視しすぎている」[23]と苦言を呈していて、「このままでは子供不在のエキスポになりかねない」との危惧を表明している。たしかに、七〇年博について連日報道された、人の洪水や長時間の順番待ちは、子どもにとって過酷きわまりなかったはずだ。

●——玩具文化との接点

かくしてここで発見された「子ども」という存在を起点にするとき、視野に入ってくるのは七〇年博前後の玩具文化である。一九七〇年ともなれば、フジパン・ロボット館に来場した小さな観客たちは、相澤タイプのロボに親しみや愛着を感じることができたと予想される。なぜなら、戦後日本では、『鉄腕アトム』や『鉄人28号』など、アニメのキャラクターとしての人型ロボットと並行して、ブリキを素材とするロボット玩具が量産され、広く流通していたからである。熊谷信夫の解説によれば、戦後のブリキ玩具は進駐軍のジープあるいは朝鮮戦争を背景にした米軍兵器を模したものから出発したという。[24]その系譜はミニカーへと受け継がれていくように思われるが、もうひとつの流れとして、一九五〇年代からSF映画や米ソ宇宙開発に勢いを得て、宇宙飛行士あるいはロボットのブリキ玩具が生産されるようになった。すり足歩行で動く寸胴でカラフルなロボたちは日本のみならず世界中で子どもたちの心を捉えていたのである。[25]ブリキのロボと相澤のそれとの形態的類似性は、たとえば小学生向け雑誌のイラストからも確認することができる（図4・6）。

他方、七〇年博以後を生きた者の眼に、相澤のロボやそれに類似するブリキのロボたちは俄然旧式のものに見えてしまう。それはおそらく、ロボットのイメージが刷新されてしまったからである。そのことに気づくと、七〇年博とはちょうど、ロボのデザインの過渡期にあたることが浮かび上がってくる。

日本のアニメーションにおいてマシンやロボット、科学兵器、宇宙船などの設定およびデザインが職業として専門化してきたのは、一九七〇年代以降のことである。タツノコプロのタイムボカンシ

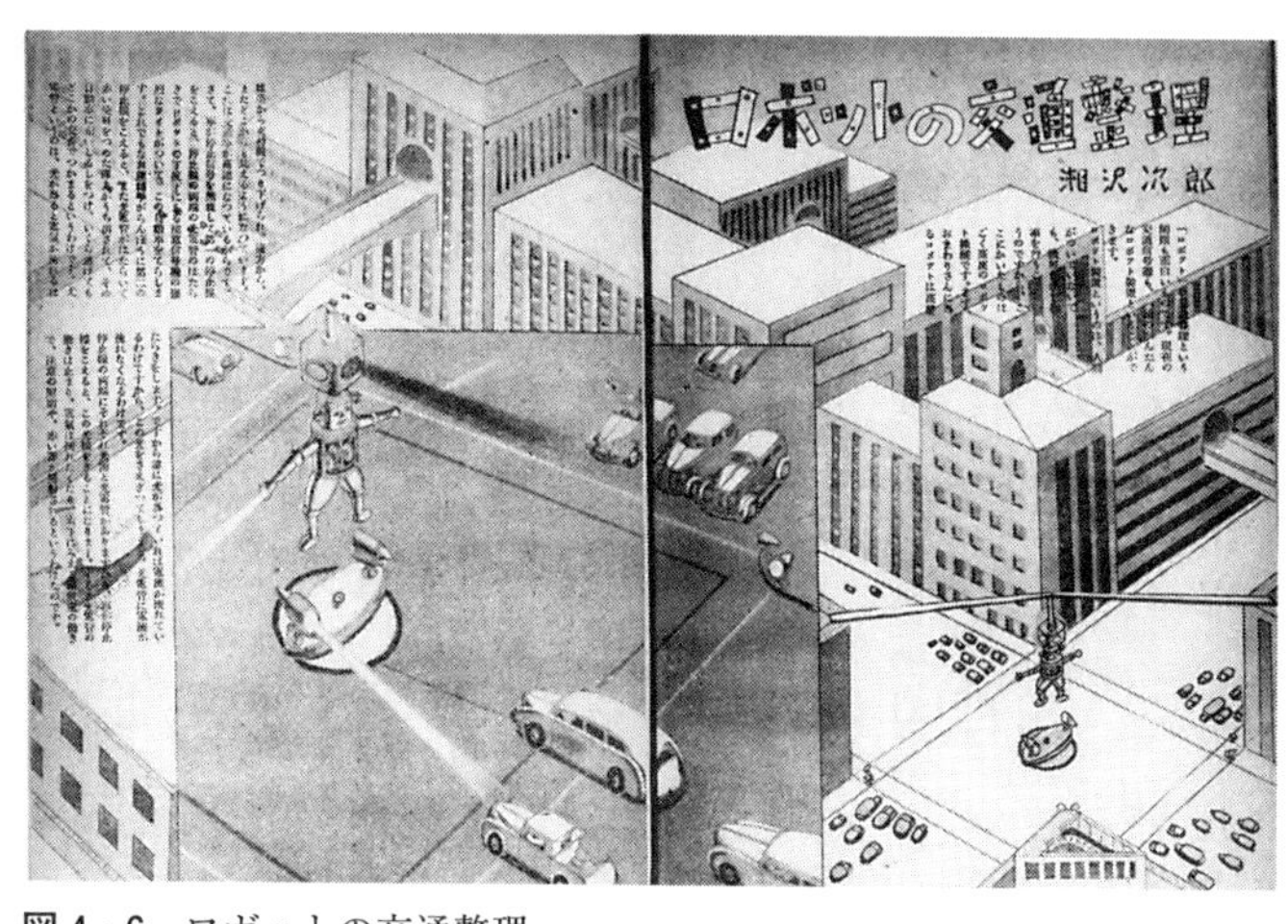

図4・6　ロボットの交通整理
出典：『科学の友 = Friend of science』山海堂、1950年1月号、14-15頁。

リーズ、機動戦士ガンダムのモビルスーツのデザインで知られる大河原邦男（一九四七―）が、自身の仕事をメカニックデザイナーとして自認したのは、一九七二年の「科学忍者隊ガッチャマン」の制作チームに入ったときだという[26]。メカニックデザインという仕事とともに、日本のアニメーション文化が大きく開花することになったのは周知の事実だが、ここで大河原の指摘がきわめて重要な意味をもつのは、メカニックデザインがもともと、玩具との強い連帯感のなかで形成されてきたことに触れているからである。

アニメのメカニックデザイナーというのは、「絵の好きなメカニックデザイナー」と「メカが好きなメカニックデザイナー」のふたつに分かれます。業界に多いのは前者のほうで、そういうデザイナーは格好よく、美しいデザインをする。ところが構造を考えずに、見た目の格好よさを追求しただけのデザインは、玩具やプラモデルにするときに面がつながらなかったり、構造がおかしくて腕が曲がらないなどの弊害がでてしまうことがある。〔……〕私はアニメの世界だけで通用するものではなく、現実に変形も合体もできる、「嘘のないメカデザイン」をめざしていたのです。(27)

前述のように、相澤のロボは手を挙げ、光と音を発し、歩く。現場の第一線で活躍してきた大河原の発言を真摯に受け止めるとするならば、フジパン・ロボット館のロボはまぎれもなく、「嘘のないメカデザイン」だったことになる。(28) ロボたちは、その意味でれっきとした科学の産物であり、制作によるその教育的な効果とも連動していた。七〇年博は、この沃野のごく一部にすぎない。実際、相澤は東京都立工藝学校の講師を経て、一九五二年、東京の保谷市（現西東京市）に財団法人「日本児童文化研究所」（現・国際医療福祉教育財団）を設立し、その初代理事長となった。運営には手塚のほか、ソニーの創業者のひとり、井深大も関与した。そうした人脈が相澤を七〇年博に関わらせることになったようだ。「科学的玩具を通じ、児童福祉に貢献する」ことが財団の基本理念として掲げられた。この観点からも、相澤のロボたちが分厚い玩具文化を背景にしていることは明らかだろう。彼らには単なるおもちゃ以上の何か、すなわち「科学的なもの」が賭けられているのだ。ロボたちがあの形姿で、単純ながら機能を伴う理由が「科学」にあるのなら、工場で完成した商品プロダクトで遊ぶことはもちろん、子どもたちがみずから進んで「作ること」も視野に収まっていたのではないだろうか。いずれにせよ、ロボの形姿と理念双方での「変わらなさ」は、次節で検討する相澤の意外な一面を知ることでようやく理解できるようになる。

4・3　工作から管理へ

●――ロボによる社会貢献

前節で確認したように、相澤のロボはその形態の不変性を特質とする。このことを、相澤の戦前のキャリアから考察する。

相澤次郎の名が最初に大きくメディアに登場したのは、一九二六年、わずか二三歳のときに「発明」した「電気報音機」を紹介する自筆記事によってであった。発明したのは、現代を生きるわたしたちにもなじみ深いものだった。それは「列車内の乗客に、到着駅名とその次の駅名を自動的に発声して知らせる機械」で、記事ではその仕組みが詳しく報告されている(29)。発明の目的は、当時続発していた鉄道事故の防止と運輸の円滑な実施であると、相澤自身が誇らしげに述べている。つまり、みずから身を削るような思いで取り組んでいる発明は、社会に役立たねばならないという強い自覚が彼にはあった。相澤のロボは社会的有用性の産物でなくてはならなかったのである。

戦前の相澤は他方で、熱心な著述家でもあった。とりわけ十五年戦争の前半期において彼は工作指南書を著した。ロボットとそれに関連する知識、技術、道具、素材加工など、みずからが培ってきたものを広く――とりわけ科学に関心をもつ少年たち――にむけて啓蒙しようという姿勢が強く感じられる。タイトルを列記すると単著デビュー作となった『世界優秀人造人間電気サインの設計と作り方』（一九三二年）から、『発明家になれる科学読本』（一九三四年）、『わかり易き模型製作の虎の巻』（一九三六年）へと続く。一九三三年には『科学と模型』誌に少年向けの「軍事小説」も発表した。文章内で随所に見える国家奉仕を訴えるレトリックや、前掲のデビュー作での「ロボットの戦地利用」への言及とあわせて、相澤の強い「愛国心」が囁かれる所以である。[30]

以上のような背景において、では若き相澤は、ロボをどのようにイメージしていたのだろうか。著作のなかで繰り返し告白しているように、その着想の源は、彼自身が「ロボットの先祖」と評する、一八六〇年にロンドンの博覧会に登場した「マシンボックス」という「人造人間」であった。説明によればそれは、「いろいろな機械がしかけられたゼンマイ仕掛け」だというのだが、残念なことに画像は残されていない。[31] とはいえそれは、相澤が当時自筆したイラストから大きくかけ離れていたとは考えにくい。数多ある例のなかで「電光ニュース併用型人造人間」を挙げる（図4・7）。体は積み木を組み合わせたように単純で、円や四角で目鼻立ちが構成されている。このロボットはまた、読者の自作を前提としており、各部の溶接のやり方や内部機構の組み立てまで詳しく紹介されている（図4・8）。興味深いのは、このロボが「宣伝」によって社会に貢献するよう設計されたという点である。「人造人間の研究は、未来の広告作戦の司令塔の様なものになると確信しております」とはほかでもなく相澤の言葉である。[32] つまり相澤ロボにもやはり、（パパネックや泉が懸念したように）消費を煽る広報的な面が潜在していたことを認めないわけにはいかないのだ。

ただし、相澤が念頭に置くロボの社会貢献はその後、宣伝術から子どものための制作論へとシフトしていった。先に紹介した『発明家になれる科学読本』と『わかり易き模型製作の虎の巻』には本格

図4・7　電光ニュース併用型人造人間
出典：相澤次郎『世界優秀人造人間電気サインの設計と作り方』文教科学協会、1932年、81頁。

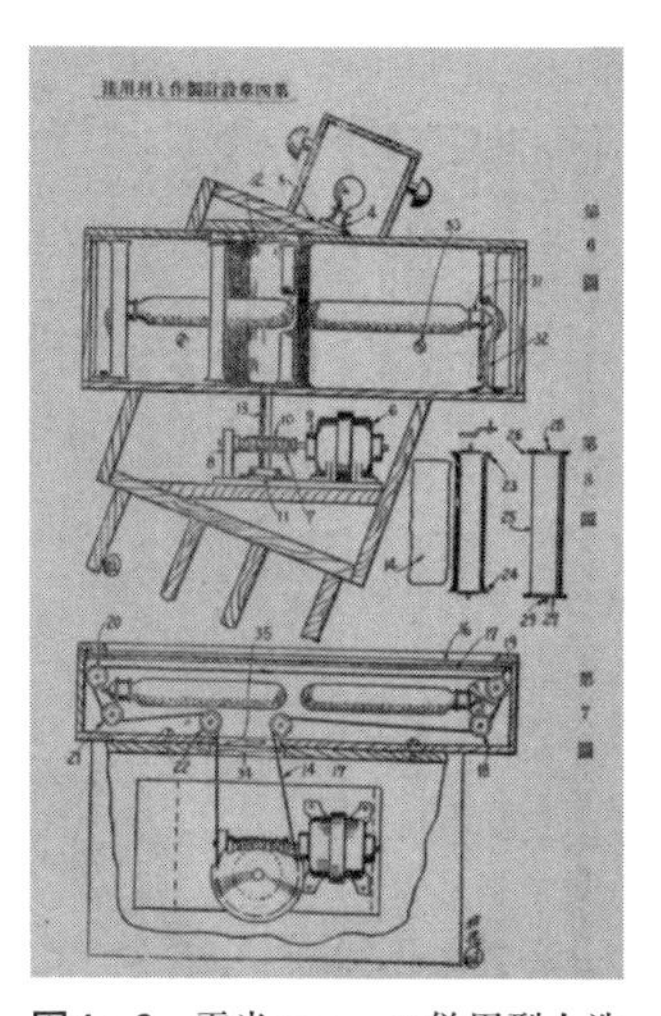

図4・8　電光ニュース併用型人造人間の展開図
出典：相澤次郎『世界優秀人造人間電気サインの設計と作り方』文教科学協会、1932年、89頁。

的な指導も含まれており、ロボットに限らず、ラジオや模型の鉄道や飛行機を、身の回りにある道具や素材を駆使して作り出す具体的な方法がていねいに説かれている。辻泉が指摘するように、それは模型制作を通じた小さな国民たちへの科学啓蒙だったと言えよう[33]。無論、執筆のかたわらで実作に余念のなかった相澤は、ご自慢の自作模型やロボたちを自著のなかでたびたび登場させている。**図4・9**はロボの楽団である。してみれば、フジパン・ロボット館で子どもたちを楽しませたロボたちの演奏は戦前以来の「ロングラン公演」だったのではないか。すくなくとも、相澤の考案したロボの「かたち」は、ブリキ玩具を彷彿させるものであり、それは七〇年博にいたるまで一貫

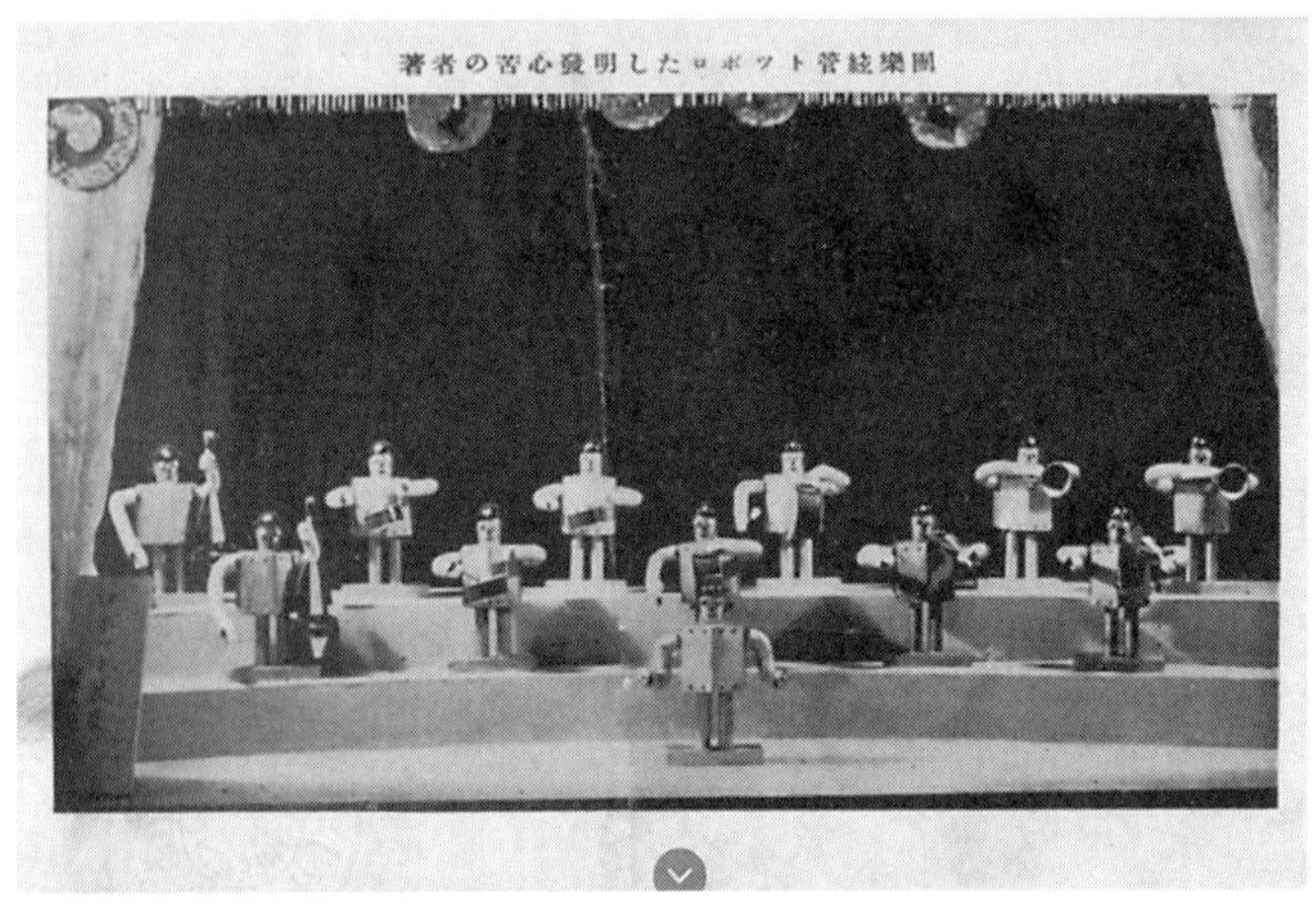

図4・9　著者（相澤次郎）の苦心発明したロボット管弦楽団
出典：相沢次郎『わかり易き模型製作の虎の巻』高山堂、1936年、71頁。

していたことになる。相澤ロボの原型——ジョージ・クブラーのいう「素形物（prime objects）」——はすでにこの時点で確立されていたと言ってもいい。

●——人は機械ではない

ところが、相澤がこれほどまで強く訴えていた「ロボによる社会貢献」は、（すくなくとも著述活動としては）ぱたりと絶えてしまう。一九三七年以後は一転、子ども向け電気工作論が完全に姿を消し、かわりに工場にまつわる論文が一九四四年まで猛烈な勢いで書かれることになった。工場についてはテーマが二種に分けられる。ひとつが旋盤やプレス機などの機械使用法の指南で、かつてのロボ自作論の余韻を感じさせるタイプの論文であった。もうひとつは意外なことに、工場労働の合理化や能率化を目指す「科学的管理法」を提案するもので、現代風に言えば「マネジメント論」

に近い内容であった。

相澤はいったいなぜ、これほどまで仕事をシフトチェンジさせたのだろうか。相澤本人は何も述べていないが、状況証拠はいくつかある。まず相澤は当時、足立電氣会社の技師として勤務していたため、労働管理の実態を日々身をもって体験していた可能性が高い。また、一九三八年の国家総動員法により金属製の玩具の製造が禁止されたことも大きく響いているだろう。さらに、青年成年層が徴兵され、工場労働者層が未熟練の少年とベテラン熟練工に二極化しつつあったことに鑑みると、労務管理を喫緊の課題とみなす企業側からの要求も絡んでいるかもしれない。だが、少年たちの模型工作は、愛国心涵養の義務教育として導入され、たとえば『子供の科学』誌などで工作指南は継続していた。竹や葦などの代用品でも制作は可能であった[34]。相澤には、そちらの方面に進むという選択肢も残されていたはずだ。

執筆内容の大幅な変更の真の理由は、相澤本人しか知りようがないが、書かれた論文の内容を分析することはできる。それによると、彼の工場マネジメント論はどうやら、テイラー・システムによる労働の科学的管理法のオルタナティブを構築することをねらいとしていたようだ。「科学的工場管理の神様と言はれて要るテーラー氏の創案になるものは、我が国との国民性とは相容れない点がある[35]」。マネジメントの対象は、職場環境、生産計画、部品調達、倉庫管理、製造計画はもちろん、人事、通勤時間にまで及んでいる。その基本姿勢は、質の優れた製品を生産するために、経費、認知、伝達のコストを最小限にすることにあった[36]。とりわけ強く改善が求められたのが「傳票」であった。これは各々の作業工程のタスクが明記された指示メモのようなもので、相澤はその取り扱いや整理番号のつけ方、サイズや規格にいたるまで仔細に提言している。なぜならば、「各種の傳票の内容が生産過程のポイントをなして居」て、「技術家と事務家の聯合作業なくして生産の円滑を欠くところも多い」からであった[37]。先に紹介した相澤初の発明品「電気報音機」をここで思い出しておいてもいいだろう。単純で数が少なく、的確に必要な情報を呈示し、それを読み取らせる「発明品」こそが、社会の「円滑な」流れを実現する鍵となるのだ。

こうした徹底ぶりから看取されるのは、科学者然とした態度である。ただし見逃してはならないのは、先にも述べたとおり、相澤が技師として現場に立っていたことである。一般的に、工場内で発言力が強いのは、（職人肌の工員を多く抱える）製造部であって、事務方は弱い立場にあった。相澤の提案はその構図を覆そうとするものだったのである。相澤の目には当時の工場労働の実態が次のように映っていた。

ある工場を見に行った時、そこの幹部の人が、部下が気分で仕事をすることを抗撃してゐた。絶対に命令に服従を主張していたが、私はこれには反対で、人間が気分で仕事をするということは尊いような気がする。人間の人間たるところがそこにある点で、気分よく仕事をするとか、気分がよいから今日は三倍の増産だ、などということは、よく聞くことで、それをまったく無味無意識的な機械と同一に考えられたのでは助からない。［……］一時間八〇個出来るものが三〇個しか出来なければ何等意味ないことになる点である[38]。

人は機械ではない――この言葉を、根っからのロボット愛好家が発したことの意味は大きい。つまり彼のマネジメント論とは、科学万能主義でも、日本版にアレンジされた工場の科学的管理法でもなく、むしろ現場で幅を効かせる旧態依然とした状況、すなわち職人中心の作業環境や理不尽な罵倒や命令などから「人」を守るためにあった。相澤のロボたちがその「素形」を変化させなかったのは、機械と人間のかかわりを相補的で互助的なものとする考えが根幹にあったからではないだろうか。

4・4　通過点としての七〇年博

●――歴史の欠片としてのロボ

ここまでの議論を、今度は時代順に整理する。

相澤次郎は一九二〇年代末から科学の発明によって社会に貢献することを第一としつつ、最初は制作と著述の両面で、主に子ども向けの啓蒙活動に勤しんだ。その両方を象徴するのがロボであった。ところが一九三〇年末には戦局に応じて、日本企業になじむ工場労働の科学的管理法を提案し始めた。急激な転換にも見えるこの変化はしかし、戦時の増産体制の現場に身を置くなかで、人と機械の互助性を痛感したためであった。相澤は職場の不合理や理不尽に科学で応戦したのである。こうした姿勢は、みずから創設者となった日本玩具文化研究所に受け継がれた。相澤のロボたちは、形態的に類似した同時代のブリキのロボたちとともに戦後世代の育成に貢献した。七〇年博の「子どもの夢」というテーマはこうした流れなしに存在しえなかった。

当然、フジパン・ロボット館の成功はそうした戦後民衆文化の厚みがなければありえなかっただろう。展示されたロボのつらなり＝シークエンスは、相澤のロボたちという具体的な「物」によってはじめて理解可能なものとなる。冒頭で論じたように、ヤマザキマリがはからずも示唆してくれたデザインの新旧ふたつの世界のうち、ロボは言うまでもなく古いものに属する。そして、泉眞也の見解によれば、新世代のデザインが結果的に削いでしまった「物の喚起力」を七〇年博で放っていたのは、まさしく相澤のロボたちであった。

わたしたちは万博を時代のピークやシンボルであると理解しすぎているのではないか。イベントそれ自体の歴史的意義、あるいはそれを立案した主要人物にスポットを当てるあまり、あるいはレトロやノスタルジーのブームを賛美する一部のマニアに過去を委ねるあまり、制作され残された物のかたちや痕跡を丹念に探ることをおろそかにしてこなかったか[39]。

置き去りにされてきたこの視点を奪還するのに、ジョージ・クブラーの『時のかたち』は助け船となろう。クブラーはこう述べている。

> 芸術概念を人間の手によってつくり出されたすべての事物に広げてみよう。［……］歴史の姿を映すものとしてわたしたちが日常的に触れているのは、願望にかなうように生み出された人工物である。［……］このようにしてつくられた事物は、私たちが思っているよりも、はるかに正確に、時の流れていく様子を示している。そして、それらはそれほど形状を変化させることなく時を満たしてゆく[40]。

相澤のロボが芸術やデザインの産物でなく、あくまで子どもじみた玩具であったとしても、それがまったき人工物（artifact）であることに変わりはない。換言すれば、ロボの原型＝素形物は各時代や地域の条件にしたがって、「模倣（replications）」を生成しつつ、「形状を変えることなく、時を満たして」いたのだ。ロボとはつまり、自律的に展開した事物そのもののシークエンスなのである。[41]だがそれは、テクノロジーという語がまとっている、先進性のまばゆい光の陰の下で見えにくくなっている。だからこそ、弱く古い物の側に立つ歴史の思考が欠かせない。

ただし、ロボットのシークエンスは、必ずしもか細く弱いとは言い切れない。それは現在進行中の「開かれたシークエンス」なのだ。ロボットは、ロボティクスという新たな呼称のもと、二度目の大阪万博でも、ＡＩやＩｏＴ、あるいはそれらを実装したＭａａＳやスマートシティと並ぶ目玉となるテクノロジーとなろう。[42]ただし、ロボの「かたち」は決定的に変わってしまった。そのことの背景には、本章４・２節で言及したメカニックデザイナーの活躍もあるだろう。いずれにせよ、ロボットは人間と見紛うほどの「柔らかい機械」へと変貌を遂げた。[43]その「かたち」のシークエンスは閉じてしまったのだ。

だが、どれほどロボの存在を擁護しようとも、それは万博史の些細な一幕であることに変わりはない。しかし他方で万博とは、「無数の些細さ」を基盤としていたとも考えられる。作家、開高健（一九三〇―一九八九）との対話のなかで、粟津潔（一九二九―二〇〇九）が率直に認めているように、「見せる物がいまないのだとすると、ミックスして見せるだけなのだから」、七〇年博とは「ミクスポ」だというのは、真実の一端に触れている。そしてそれは大阪での二度目の万博にも当てはまるだろう。

その中身が「めいめいバラバラ」で「一つ一つは何の関係もなく、連絡もない」のなら、いっそ、その「ひとつひとつ」が形成されてきた過程、その通史に目を凝らしたほうがよほど実り多いのではないか。[44] その視点からすると、万博はそれ自体が自律的なイベントではないことになる。それは、長い人類とモノの歴史の些細な通過点でしかないのだ。相澤次郎と彼のロボはそのひとつであった。視点を逆転させれば、万博は近代史の一幕でしかない。国家の威信、地域経済への波及効果や来場者数など、古めかしい数値指標に一喜一憂するかわりに、こうした突き放した認識のもと、万博は時の試練を受けねばなるまい。

註

(1) ヤマザキマリ『新装版　ルミとマヤとその周辺』(全二巻) 講談社、二〇一二年。
(2) 泉眞也『核兵器と遊園地　いま、知的共鳴社会の時代』徳間書店、一九八八年、八五―八六頁。
(3) ヴィクター・パパネック『生きのびるためのデザイン』阿部公正訳、みすず書房、一九七四年、九―一四頁。
(4) 泉真也「物としてのデザイン」『美術手帖（特集：ＥＸＰＯ'70　人間と文明）』一九七〇年七月増刊、二〇一頁。
(5) 同前、二〇五頁。
(6) ロボットへの文化史的アプローチについて以下の文献が参考になる。馬場伸彦編『ロボットの文化誌――機械をめぐる想像力』、森話社、二〇〇四年。ロボット研究で検討が必須と思しきカレル・チャペックやアイザック・アシモフについてはここで名を挙げるにとどめる。なお、上記文献を通覧すると、機械や建築からマンガやＳＦなどの現代のサブカルチャーまで、ロボットという概念の拡張には歯止めが効かなくなる傾向を看取できる。本章がロボットの「形態」と「機能」に注意を集中させるのはこの傾向への警戒心からである。

（7）以下の文献はそれぞれロボットとブリキ玩具の変遷史をまとめた成果であるが、そこに相澤の名を見つけることはできなかった。アナ・マトロニック『ロボットの歴史を作ったロボット１００』片山美佳子訳、日経ナショナル・ジオグラフィック社、二〇一七年、熊谷伸夫『日本のブリキ玩具図鑑　From 1880's to 2010's』創元社、二〇二三年。

（8）ジョージ・クブラー『時のかたち――事物の歴史をめぐって』中谷礼仁ほか訳、鹿島出版会、二〇一八年、三七頁。

（9）フジパン・ロボット館、万博記念公園ホームページ https://www.expo70-park.jp/cause/expo/fujipan_robot/（最終閲覧二〇二三年九月五日）。

（10）創業80周年社史編纂プロジェクトチーム『パンの道80年　お客様の喜びを糧に』フジパン、二〇〇三年、五九頁。

（11）平野暁臣編『大阪万博――20世紀が夢見た21世紀』小学館、二〇一四年、一四八頁。

（12）以下を参照。手塚治虫 TEZUKA OSAMU OFFICIAL https://tezukaosamu.net/jp/（最終閲覧二〇二三年九月五日）。

（13）『読売新聞』一九七〇年三月八日付朝刊。

（14）創業80周年社史編纂プロジェクトチーム、前掲書、五九頁。

（15）同前、六〇頁。

（16）以下を参照。ぎふ中部未来博覧会協会『未来博88公式ガイドブック』中日新聞社、一九八八年。同『未来博88イベント奮戦記』中日新聞社、一九八九年。

（17）創業80周年社史編纂プロジェクトチーム、前掲書、三五頁。

（18）センター職員に尋ねたところ、楽団のうち、ブラウン管モニターを模したロボットと、七〇年博で活躍した（「バンパク君」あるいは「ジャイアントロボ」と呼ばれた）青いレトロ型ロボットに似たロボは、前身の施設から移管されたときに新調されたものだという。ちなみに、どういう経緯で七〇年博のロボたちがセンターにたどり着いたのか、記録が一切残されていないため不明だという。
(19) 相沢次郎「ロボット時代」『公益法人』一九七三年八月、二七頁。
(20) 磯崎新「お祭り広場・演出用諸装置の設計」『建築雑誌』一九七〇年三月号、二二〇頁。
(21) 七〇年博における磯崎の仕事については以下の連載を参照。田中純「磯崎新論 9. ミラノ／大阪、見えない廃墟」『群像』二〇二一年九月号、五四九—五六一頁。
(22) 相沢次郎「私のロボット」『美術手帖』一九七〇年七月増刊号、一二八頁。
(23) 同前。
(24) 熊谷、注(7)前掲書、八〇—一五七頁。
(25) 同前、一九〇—二二三頁。熊谷の図鑑で紹介される「堀川玩具」の製品は、フォルムもさることながら多彩な動きが可能である点で、相澤のロボを思い出させてくれる。
(26) 大河原邦男『メカニックデザイナーの仕事論　ヤッターマン、ガンダムを描いた職人』光文社、二〇一五年、二四—三八頁。
(27) 同前、二〇—二一頁。
(28) 本文でも触れたが、相澤のロボたちは、一部はなお現役で稼働中で、関連イベントで活躍している。このこともまた、彼らが「嘘のないデザイン」の産物であることを例証している。公益財団法人国際医療福祉教育財団ホームページ http://www.robot-foundation.com/act_20201218_event.php#（最終閲覧二〇二三年九月五日）。
(29) 相澤次郎「電氣報音機の發明鐵道界の實施に就て」『交通と電気』一九二六年九月号、四二—四七頁。
(30) 井上晴樹『日本ロボット戦争記』NTT出版、二〇〇七年、七一—八一頁。なおこの文献は、模型や電気工作における戦前の相澤の活躍ぶりを論じた数少ない貴重な例だが、後段で検討する工場の作業合理化や能率にたいする相澤の貢献は等閑視されている。
(31) 相沢次郎『発明家になれる科学読本』康業社、一九三四年、一四九頁。
(32) 同前、一一頁。

(33) 以下を参照。辻泉「科学雑誌から生まれた工作趣味、鉄道趣味——戦前/戦中/戦後の「子供の科学」の内容分析から」、神野由紀、辻泉、飯田豊編『趣味とジェンダー〈手作り〉と〈自作〉の近代』青弓社、二〇一九年、一六一—一九一頁。

(34) 以下を参照。松井広志『模型のメディア論　時空間を媒介する「モノ」』青弓社、二〇一七年、五七—七九頁。

(35) 相澤次郎『経費最小限の工場経営』修教社書院、一九三八年、二頁。

(36) 相澤は一九三七年以後、前註の単著のほか、『機械』『工作機械』『科学主義工業』各誌に工場とその科学的管理法についての論考を発表し続けた。

(37) 相澤次郎「工場事務の能率化——機械工業マネージメント」『機械』一九四〇年一〇月号、三八—四一頁。

(38) 相澤次郎「生産能率と労務管理」『科学主義工業』一九四四年七月号、一九頁。

(39) レトロやノスタルジーを謳い文句とするブームは、その対象がかつて属していたコンテクストを矮小化するきらいがある。それはブリキ玩具のみならず、七〇年博以後に成長した自動販売機産業にも当てはまるが、その点については以下の二編の拙論を参照。鯖江秀樹「自動販売機のエレジー（上）——オートメーションの技術史」京都精華大学紀要、五四号、二〇二一年、一〇七—一一四頁。同「自動販売機のエレジー（下）——オートメーションの人類史」京都精華大学紀要、五五号、二〇二二年、五七—六六頁。

(40) クブラー、注(8)前掲書、一四—一五頁。

(41) 同前、七四—八九頁。

(42) 以下を参照。稲葉振一郎『銀河帝国は必要か——ロボットと人類の未来』筑摩書房、二〇一九年。

(43) 以下の文献に収録された一九八〇年代の対談では、ホーム・オートメーションの一環として「やわらかいロボット」が家庭に登場することが予告されている。吉川弘之、立花隆『ロボットが街を歩く日——剛い機械から柔らかい機械へ』三田出版会、一九八七年。また、二〇二五年の大阪万博のシグネチャーパビリオン・プロデューサーのひとりである石黒浩は人間酷似型ロボット研究の第一人者だが、その種のロボットはメディアとして、人とのコミュニケーションにおいて優れていると強調する。石黒浩『ロボットとは何か――人の心を映す鏡』講談社、二〇〇九年、一四―二八頁。
（44）開高健「粟津潔との対話」『芸術新潮』一九六九年一月号、一八―一九頁。

第5章　ブリュッセルから大阪へ
——万博から考える日本の「核」

暮沢剛巳

5・1　ブリュッセル万博——戦後最初の祭典

わたしは二〇一一年秋と二〇一七年春の二度、ベルギーの首都ブリュッセルを訪れたことがある。いずれも数泊の短い滞在期間中に市内のいくつかの美術館や教会等を見て回ったが、最大の目的地は二回とも同じ、市北部のエゼル公園のなかにあった。市の中心部から公園行のトラムに乗り込むと、当初はビルばかりが目立っていた車窓の風景も、郊外の目的地が近づくにつれて次第に緑が多くなっていく。出発から十数分後、ほかとは見間違えようもない独特のシルエットが視界に入ったのを確認し、わたしは目的地にたどり着いたことを理解した。その名はアトミウム（図5・1）。一九五八年に開催されたブリュッセル万博のシンボルタワーとして建設され、会期終了後も恒久保存され、現在

図5・1 アトミウム（筆者撮影）

も観光客にむけて広く公開されている鉄骨の構造物である。

一九五八年に開催されたブリュッセル万博は、第二次世界大戦後はじめて開催された本格的な万国博覧会（第一種一般博）である。「科学文明とヒューマニズム」をテーマに掲げ、四月一七日から九月一九日の約半年間の会期にわたって開催されたこの万博には四二か国と一〇の国際機関が参加し、約四一二五万人が来場した。言うまでもなく、この数値は開催時点での万博史上最高の動員記録を示すものであった[1]。この数字は、「万博の時代は終わった」と言われつつも、当時はまだまだ多くの人びとのあいだで万国博覧会というイベントの開催が強く待望されていたことを物語る。

ベルギーは意外にも万博とはなじみが深く、これ以前に六回もの万博が開催されている（念のために記しておけば、ブリュッセルで万博が開催されたのは一八九七年、一九一〇年、一九三五年に次いでこのときで四回目、ほかに一九〇五年と一九三九年にはリエージュで、また一九一九年にはゲントで開催された記録がある。また最近でも、カザフスタンのアスタナに譲ったとはいえ、リエージュが二〇一七年に開催予定の認定博の招致を目指していた）。この万博が、そうした過去の開催実績をふまえた集大成的な意味をもっていたことは疑うべくもない。また当時のベルギーは、第二次世界大戦の後遺症もあってか、一時期はヨーロッパでも最高水準を誇っていた国民一人あたりのGNP（GDP）が北欧諸国に抜かれて五位に転落していたことから国内経済の立て直しが急務であり、また狭い国土がフランス語圏、ドイツ語圏、オランダ語圏に分割されている複雑な国内事情に由来する言語政策や教育政策といった観点でも困難な問題を抱えていた。第二次世界大戦後初となるこの万博には、そうした膠着状態の突破口としての役割も期待されていたのである。

開催から六〇年以上経過した現在になって振り返ると、この万博には功罪両面を指摘しうる。功としては、斬新な前衛芸術の発表の場となったことが挙げられるだろう。多くの実験的な試みのなかで、現在もっとも著名なのは、エドガー・ヴァレーズの前衛音楽の発表の場として、ル・コルビュジエが当時アトリエのスタッフだったイアニス・クセナキスと共同で設計したフィリップスの企業パビリオンだが（この施設は残念ながら現存しない）、ほかにも参加各国や企業はそれぞれのパビリオンで趣向を凝らした展示を行い（当時の様子の一端は、アトミウム内の展示で見ることができる）、またキュビスム、未来派、シュルレアリスムなど二〇世紀前半の美術の流れを俯瞰した「モダン・アートの五〇年」という展覧会も開催され、大きな反響を呼んだ。それらはいずれも、「科学文明とヒューマニズム」という進歩的なテーマにふさわしかった。

一方罪としては、なんといってもホスト国であるベルギーが当時アフリカで支配していた広大な植民地であるベルギー領コンゴ（現コンゴ民主共和国）から連れてきた多数の男女を展示した「人間動物園」を挙げねばなるまい。こうした植民地展示は一九世紀後半から二〇世紀初頭の万博ではしばしば行われていたが、人権意識が浸透し、多くのアフリカ諸国が独立を達成していた当時は明らかに前近代的で時代錯誤となっていた。ベルギー領コンゴはこの万博から二年後の一九六〇年にコンゴ共和国として独立し、このときの「人間動物園」を最後に以後の万博から植民地展示は姿を消す（一九七〇年の大阪万博では、植民地展示を行わないことを公式文書のなかで明文化していた）。科学を前面に押し出したテーマを謳う一方で、最後の植民地展示が行われたという意味でも、この万博は過渡期の存在として位置づけられる。

話を戻すと、アトミウムは九つの球体を組み合わせた建造物である。巨大な原子模型のようなその姿は、鉄の結晶構造を一六五〇億倍に拡大したものであるとされる。最高到達点は一〇二メートルにも達し、最上部の球体の窓からはブリュッセルの市街地を一望することができる。週末ともなれば多くの観光客でにぎわい、世界的に見ても、万博のシンボルとして建設された建物としては、おそらく現在でもエッフェル塔に次ぐ人気と知名度を誇っているはずだ。

この施設を設計したのは、地元出身の建築家アンドレ・ワーテルケインであった。当初はエッフェル塔を逆さにしたデザインも検討されたが、最新の技術を象徴するのによりふさわしいデザインを検討した結果、原子模型の形に落ち着いたという。その形状ゆえ、開催当時、日本ではこの建物はしばしば「原子力館」とも称された（後述の日本館の出展記録にも、「原子力館」という表記を見つけることができる）。言うまでもなく、その名称には当時の原子力開発への強い期待感も反映されていたのである。

5・2　原子力とブリュッセル万博

原子力エネルギーは二〇世紀最大の発見・発明のひとつと言っていいだろう。相対性理論に代表される量子力学の飛躍的な発展は、核反応によって生み出される巨大なエネルギーの存在を暗示するものであったし、それは一九三八年に核分裂の発見というかたちで現実になった。ウランの用途と言えば、それまではせいぜい陶磁器に塗布する釉薬の艶出しくらいしか知られていなかったのだが、これを機に夢のエネルギー源として一躍脚光を浴びることになったのである。

核分裂とは、ウランに中性子をぶつけたときに発生する連鎖反応のことで、ひとたび発生すれば、わずかな量のウランによって莫大なエネルギーを生み出すことができる。原子炉とは、その連鎖反応を引き起こし、拡散しないように封じ込めておく容れ物のことだ。だがその実用化には大きな問題があった。自然界にはウラン235とウラン238という二種類のウランが存在するが、核分裂を起こす235はそのうち〇・七％を占めるにすぎないため、原子炉のなかで連鎖反応を引き起こすためには、天然ウランを濃縮してその比率を数％にまで高める必要がある（だが235と238は同位体といって化学的には同じ物質であるため、この濃縮がまたひと手間であった）。

一方、それ自体は核分裂を起こさないウラン238は、中性子をぶつけるとプルトニウム239という自然界には存在しない分裂を起こす物質へと変化するので、それを利用する方法も考えられる(日本が高速増殖炉「もんじゅ」で試みたのがこの方法だが、肝心の「もんじゅ」がこれといった成果を達成しないまま廃炉が決定するなど、いまだに実用化の目途はまったくたっていない)。結果的に、連鎖反応を実現した世界初の原子炉は、一九三九年にノーベル物理学賞を受賞した後にアメリカに亡命したイタリア人物理学者エンリコ・フェルミが一九四二年一二月に完成させた「シカゴ・パイル一号」で、その出力は二〇〇ワットにすぎなかった。

ところで、わずかな量の資源で膨大なエネルギーを生み出す核分裂だが、そのエネルギーの利用法は二種類、連鎖反応を瞬時に引き起こすか、もしくは連鎖反応をコントロールしながら継続的に熱エネルギーを取り出すかのいずれかしかない。言うまでもなく、前者に相当するのが原子爆弾、後者に相当するのが原子力発電である。同じ技術によって成立している原子爆弾と原子力発電は表裏一体の関係にある。両者を分離することは困難であり、一方の前進はもう一方の前進に、また一方の放棄はもう一方の放棄に直結する。どこの国においても、原発推進派と核武装推進派がほぼ一致しているのはそのためだ。「三・一一」の発生した二〇一一年の秋、当時自民党政調会長の任にあった石破茂の「私は日本の原発が世界に果たすべき役割からも、核の潜在的抑止力を持ち続けるためにも、原発を止めるべきとは思いません[2]」という発言は、原発反対派が呆気にとられるほどの率直さで核兵器と原発の表裏一体の関係を認めたものと言えよう。日本原子力学会が倫理規定で「原子力の利用は平和目的に限定し、核兵器の研究・開発・製造・取得に一切参加しない」とわざわざ明文化しているのも、原子爆弾と原子力発電の密接な関係を逆説的に物語っている。

そして不幸なことに、発見の初期にあって、原子力エネルギーはもっぱら前者のために研究開発が進められることになった。「シカゴ・パイル一号」にしても、電力系統を備えていないなど、最初からその用途は軍事目的と考えられており、早速マンハッタン計画のために活用されることになった。

よく知られているように、第二次世界大戦期間中のアメリカの原爆開発計画をマンハッタン計画という。そもそもこの計画は、ヨーロッパの亡命科学者からナチス・ドイツが原爆開発を進めているという情報を得て、それを脅威に感じたアメリカが、ドイツよりも先に原爆開発に成功することを唯一の目的として開始されたものだった。当時の科学水準から大戦期間中の開発は困難と予測されていたが、アメリカは日本の国家予算をも凌駕する莫大な資金を投じてその開発に成功し、一九四五年七月一六日にはネヴァダ州の砂漠で人類初の核実験を行い、ポツダム宣言による最後通告を経て、八月六日には広島で、九日には長崎で実戦使用する。フェルミのもとで原爆開発に従事していたエミリオ・セグレは、当時の高揚した雰囲気をこう回想している。

> 研究室の実験がうまくいったからといって、それを工業的開発に移すことはおっかなびっくりの大冒険であった。平常の状況なら恐らく一〇年はかかったであろうが、戦争の緊迫は、平時の状況の下では途方もないと思われる危険を冒すよう、リーダーたちを駆り立てたのであった。(3)

ちなみに、アメリカがマンハッタン計画を始動した原因でもあったナチス・ドイツだが、一九三二年のノーベル物理学賞受賞者として、当時同国の科学界で指導的な立場にあった物理学者ヴェルナー・ハイゼンベルクの証言によると、たしかに開戦当初は原爆開発に乗り出していたものの、一九四二年には事実上断念していたようだ。原子爆弾を製造するだけのウラン235やプルトニウム239を確保するためには相当な工業力が必要だが、アメリカおよびソビエト連邦の両国と敵対し、東西両面に戦線を拡大し疲弊していたナチス・ドイツにはとうていその余力はなかったという。またイギリスも原爆開発に関心を示していたものの、同様の理由で着手したのは戦後しばらく経ってからだった。またソ連も、原爆開発に乗り出したのは、アメリカの実戦使用によってスターリンがその圧倒的破壊力を知った後、終戦直後の一九四五年八月二〇日とされている。そしてアメリカ以外で唯一、大戦中に原子爆弾の開発に乗り出していた日本で、陸軍と海軍がそれぞれ独自のアプローチで終戦近くまで可能性を模索したものの、ウラン資源と工業力の不足が原因でそれを果たせなかったことは、二〇二一年に公開された映画「太陽の子」などで知られるとおりである。

このように、第二次世界大戦の期間中に原爆開発が可能な国力を有していたのは、世界中でアメリカ合衆国ただ一国であったのだが、一九四九年にはソ連が、一九五二年にはイギリスが核開発に成功し後に続く。とりわけソ連の猛追は目覚ましく、第二次世界大戦後の世界は米ソ両国が核兵器を保有してにらみあう東西冷戦の時代に突入、一九六二年のキューバ危機でその緊張感は極限まで高まった。世界終末時計の設置（一九四七年）や、全面核戦争による破局の到来を描いたスタンリー・キューブリックの映画「博士の異常な愛情」（一九六三年）の公開も、そうした時代背景によるものであった。

第二次世界大戦末期には実用化と、驚くべき短期間で開発された原子爆弾とは対照的に、原子力発電の開発は遅々として進まず、一九五一年に史上はじめて行われた原子力発電の実験では、二〇〇ワット電球四個を発光させるのがやっとというありさまで、民生目的での立ち遅れは否めなかった。原子力発電は、核分裂で発生した熱で水蒸気を発生させ、それを用いてタービンを回転させて電力を得るもので、エネルギー源以外の仕組みは火力発電とまったく同じである。その後改良が進められたが依然としてその効率は良いとはいえず、二一世紀の現在でも、核分裂で発生したエネルギーのうち電力に変換できるのはせいぜい全体の三分の一にすぎない。

一九五三年一二月にアメリカのアイゼンハワー大統領が国連総会で演説し、「Atom for Peace」というキャッチフレーズに象徴される原子力の平和利用を提唱して以降、原子力発電の研究が急ピッチで進められていく。一九四九年にはソ連が原爆開発に成功してアメリカに次ぐ核保有国となり、一九五〇年代以降米ソ両国は熾烈な核開発競争へと突入する。核の独占を前提とした世界戦略が不可能になったアメリカは、原子力発電の研究を推し進めて原子炉、濃縮ウランやその製造技術を各国に高値で売りつける方針へと転換する。奇しくも当時は、一九五七年にアメリカ主導で国際原子力機関（IAEA）が設立される一方、翌一九五八年にはヨーロッパで欧州経済共同体（EEC／現EU）とともに欧州原子力共同体（EURATOM）が結成されるなど、原子力開発は先進国共通の大きな関心事となりつつあった。石油や石炭などの化石燃料の資源枯渇や二酸化炭素による大気汚染などが不安視されはじめていた当時、わずかな資源で大量の電力を供給することが可能なばかりか、また二酸化炭素も排出しない原子力発電は、それにかわる「夢のエネルギー」としてにわかに注目を集めるようになる。ブリュッセル万博の会場に原子模型を模したアトミウムが登場したのは、「夢のエネルギー」

としての原子力への大きな期待にあふれていた当時の世相を現わしたものでもあった。

5・3　ブリュッセル万博における原子力展示

一九五八年に開催されたブリュッセル万博には、シンボルタワーであるアトミウムのほかにも、原子力への期待感を抱かせる展示が会場の各所で展開されていた。たとえば、アメリカ館では当時開発中だった民生用の原子炉の模型や写真が展示され、またフランス館やイギリス館でも原子力エネルギーにむけた将来のビジョンが紹介されるなど、先進各国は原子力の展示にこぞってスペースを割いていた。アメリカのエネルギー省（DOE）の区分によれば、この時代の原子炉は第一世代と呼ばれ、後に日本の原発にも導入されるアメリカ発の加圧水型原子炉（PWR）と沸騰水型原子炉（BWR）のほか、イギリスではマグノックス炉（GCR）が、またソ連では黒鉛減速沸騰軽水圧力管型原子炉（RBMK）という異なるタイプの原子炉の開発が独自に進められていた。この万博では、それらの諸国に加えて、カナダ、ユーゴスラビア、フランス、イスラエル、チェコスロバキア、イタリア、スイス、ドイツの計一一か国が原子力の展示に取り組んでいた。これらの展示がすべて「平和利用」という留保を伴っていたことは、万博というイベントの性質からして当然のこととはいえ、それと同時に、「Atoms for Peace」が喧伝されていた当時の時勢が強く現れていた。

5・4　日本館の展示

ところで、このブリュッセル万博で原子力展示を行った国のひとつがほかでもない日本であった。一八七三年のウィーン万博に明治新政府が初参加して以来、日本は伝統工芸を主体とする展示を行ってきた。これは明治新政府が推進した殖産興業政策の一環として、万博をショーウインドウとして活用して、当時の主力輸出品であった伝統工芸の海外輸出を促進することが大きな目的であり、この方針はその後も半世紀以上にわたって長らく堅持されていた。しかし、第二次世界大戦後初の万博に参加するにあたり、以後の万博出展を主導する日本貿易振興会（ＪＥＴＲＯ）は従来の方針を大きく転換し、最新技術などを前面に押し出そうとしたのである。日本館パビリオンは「日本人の手と機械」をテーマとして「歴史」「産業」「生活」の三つのパートによって構成されており、国産の電化製品や自動車、精密機械などが展示された。パビリオンの設計は前川國男、展示デザインは剣持勇、グラフィックデザインは山城隆一、写真は渡辺義雄、音楽は外山雄三といった具合に、いずれも各分野で当時第一線のクリエイターが起用された。日本館パビリオンは金星賞、また一部の展示品がグランプリを受賞するなど、この方針変更は功を奏したといってよい。原子力展示も、そうした新しい方針の一環であった。

もっとも、原子力展示といっても、日本館パビリオンに原子炉の模型や図面などが展示されたわけではなかった。第一部「歴史」に展示された数十点の写真を凝視すると、造船や発電所といった産業施設や日本列島を俯瞰した航空写真にまじって、会場の一角に原爆ドームが写った、被爆した広島のパノラミックな都市景観写真が架けられていることがはっきりと確認できる。これこそが、万博の日本館パビリオンで行われた初の原子力展示である。

それにしても、万博の国家パビリオンという晴れ舞台に、被爆した都市の景観写真が展示されるというのは、なんとも言えず穏やかではない。なぜこのような展示が行われたのだろうか。ブリュッセル万博の終了後に刊行された各種の報告書にこの写真についての記載は見当たらないので、主催者からの公式の説明は一切なかったことになる。[4] 一方、万博開催期間中に日本館の展示を紹介した雑誌の特集記事には、断片的ながらこの写真の展示について触れている部分があり、敗戦ですべてを失った日本のゼロからの再出発という意味合いを与えられていたことがほのめかされている。[5]

いずれにせよ、当時の日本が自国のパビリオンにおいてどういうかたちであれ原子力にちなんだ展示を行おうと思ったなら、これ以外には選択肢がないのが現実であった。当時の状況をごく簡単に整理しておこう。

先に言及したように、第二次世界大戦中には日本でも原爆開発の可能性が模索されたが、陸軍主導の「二号研究」と海軍主導の「F研究」はいずれも実を結ばす、戦後にはGHQの方針によってサイクロトロン（高速回転機）が破壊されてしまった。終戦の時点で日本の原子力研究はアメリカが原爆開発に成功する前の一九四二年前後の水準だったとされるが、戦後の日本は独自研究を禁止されたことにより、そこからの前進を阻まれてしまった。それからしばらく後、核戦略を転換したアメリカが「Atoms for Peace」を打ち出し、原子力発電のプラント輸出に取り組むなかで、化石燃料の資源に乏しく、新たなエネルギー源を強く欲している日本は格好のターゲットとなり、一九五六年から一九五八年にかけて「原子力の父」とも呼ばれた読売新聞社社主・正力松太郎の主導によって、原子力の平和利用を訴えるための原子力平和利用博覧会が東京からスタートして全国一〇都市を巡回し、またその間の一九五七年には茨城県東海村の日本原子力研究所で原子炉が臨界した。この当時、日本にアメリカの原子力技術を導入するにあたって締結された原子力協定では明確な主従関係が定められており、敗戦国である日本は協定の範囲を逸脱する独自研究を許されなかった。要するに、ブリュッセル万博が開催された一九五八年の時点で、日本に導入されていた原子力技術はすべて外国産であり、万博の自国パビリオンで対外的に紹介できる自国独自の原子力技術は皆無だったのである（そのため、日本館とは別に、アトミウムのなかに設けられた科学技術庁のブースでも、前年に茨城県東海村に開設されたばかりの日本原子力研究所やそこではじめて臨界したアメリカ製の原子炉ＪＲＲ‐１や、戦争による中断を経て研究開発が再開された小型サイクロトロンが簡単に紹介されるにとどまっていた）。このような状況で原子力の展示を行おうとすれば、当然その選択肢は限られる。紹介できる自国独自の技術がないなら、せめて原爆の投下によって廃墟と化した広島を戦前の象徴として第一部の最後に配置し、それと第二部の「産業」の諸々の最新技術を対比することで、戦後から一三年経過していた時点での復興を訴えようとしたのではないか。根拠に乏しいことはもちろん承知しているが、以上がこの展示についてのわたしの憶測である。

5・5　大阪　一二年後の風景

次に日本館パビリオンで原子力の展示が行われたのが、ブリュッセル万博から一二年後の一九七〇年の大阪万博においてであった。約半世紀前に開催されたこの万博が未曽有の国家事業であったことはいまさら言うまでもないが、万博が開幕した三月一四日は日本初の軽水炉であった敦賀原発の一号炉の営業運転開始日でもあった。もちろんこれは単なる偶然の一致ではない。福井県西部は敦賀、美浜、大飯、高浜の四つの原発に加え、高速増殖炉「もんじゅ」をも擁し、しばしば「原発銀座」と称されるが、なかでも敦賀原発と美浜原発は大阪万博と深い縁がある。

敦賀原発は一九六九年一〇月三日に初臨界を達成し、スクラムなどのさまざまな試験を行った後、一九七〇年三月一〇日午前一二時より連続一〇〇時間全出力試運転を行い、三月一四日午前四時に営業運転の条件である一〇〇時間全出力運転の目標を達成し、同日の万博開幕に間にあわせるかたちでそのまま営業運転に入った。これは、敦賀原発の運営主体である日本原子力発電が、万博への電力供給によって敦賀原発の存在をおおいにアピールするために、開幕日にその照準をあわせていたことを物語っている。

次いで、万博が終盤にさしかかっていた同年八月八日には、「万博に原子の灯を」を合言葉に関西電力が急ピッチで建造を進めてきた美浜原子力発電所が万博会場に電力の送電を開始、当時の会場の電光掲示板には「美浜発電所からの原子力の灯が会場に届いた」と表示された（同原発は、万博終了

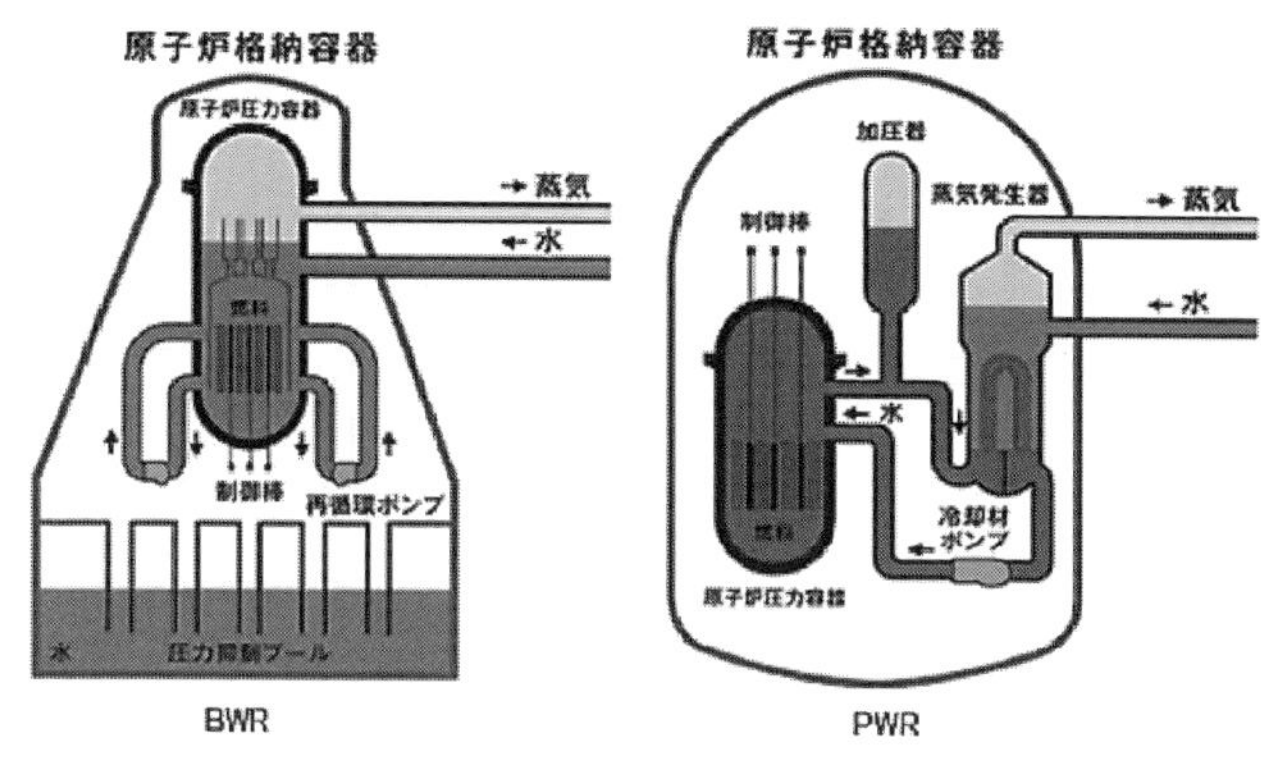

図5・2　BWRとPWR
出典：https://www.enecho.meti.go.jpaboutwhitepaper2020htmlimg213-2-3.gif

後から間もない同年一一月に営業運転を開始する）。以上ふたつのエピソードに鑑みれば、ブリュッセル万博が史上初の原子力万博なら、その一二年後に開催された大阪万博は史上初の「原発万博」であったといえるだろう。

一九五八年のブリュッセル万博の時点では被爆した広島の景観写真や小さな模型しか展示できなかったのが、一九七〇年の大阪万博では一部とはいえ会場の電力を原子力でまかなえるようになったのだから、一二年間のうちに日本の原子力産業が大きく成長したことはたしかである。ただし、それと並行して原子力技術も成長したかというと、実のところそうも言えない。大阪万博の会場に電力を供給した原子炉は、敦賀原発は沸騰水型（BWR）、一方の美浜原発は加圧水型（PWR）と呼ばれるタイプのものだった。この両者は、発電用のタービンを水蒸気で回転させるのに、ウランの熱を直接利用するか間接的に利用するかの違いはあるにせよ、いずれもアメリカのメーカー（BWR＝ゼネラルエレクトリック社／PWR＝ウェスティングハウス社）が開発し、日本に導入されている（図5・2）。すなわち、ブリュッセル万博から一二年経過した一九七〇年の時点でも、独自の原子力研究を禁じた日米原子力協定に強く拘束されていたこともあって、日本の原子力発電はアメリカの技術に依存する状態から脱していなかったのである。

5・6　日本館パビリオンの展示

その現実がもっとも如実に表れたのが、日本館パビリオンの展示であった。大阪万博の日本館パビリオンは「日本と日本人」を全体テーマに掲げており、「むかし」（一号館）、「いま」（二、三号館）、「あす」（四、五号館）という三つのテーマによって構成されていた。五つのタンクを連ねた石油コンビナートのようなパビリオンの形状は多くの写真によって知られているが、このなかでも、四号館は日本の最新の科学技術を紹介するためのパビリオンであり、リニアモーターカー、耐震建築、ファイバースコープ、南極探検などとならんで、原子力技術もその一角を占める予定だった。

記録によると、日本館パビリオンにおける原爆展示が浮上したのは一九六七年八月の政府出展懇談会においてである。席上、産業界から原子力の開発について取り上げるべきとの意見が出たが、茅誠司前東京大学総長（当時）が「現在の原子力技術はすべて外国製のため、日本館で見せられるものは何もない」と難色を示したという。この逸話は、原子力産業の成長ぶりとは裏腹に、ブリュッセル万博からの一二年間で日本独自の原子力技術がほとんど進歩していなかったことを物語る。茅も自国の科学力が他国に大きく遅れをとっていることを公に認めなくてはならないことには、一科学者として忸怩たる思いがあったことだろう。

方針転換を余儀なくされた懇談会だが、次回の会合ではメンバーであった五島昇、有吉佐和子、吉永小百合らが、では原爆の被害を取り上げるのはどうかと提案し、通産省もその方向での検討を約束したという。[6] 議論の詳細はともかく、原爆の被害を通じて原子力展示を行おうという発想は一二年前のブリュッセル万博における日本館展示のそれとほぼ同じと推測することが可能である。その後、一九六九年三月には日本館で原爆の展示が行われることが明らかになる。原爆展示の代表者であった河野鷹思は戦時中に日本工房が発行する対外広報宣伝誌「NIPPON」のアートディレクター(AD)を担当し、戦後は日本宣伝美術会(日宣美)などで活躍した当時の日本を代表する図案家(グラフィックデザイナー)のひとりであり、大阪万博では日本館パビリオンの展示デザイン責任者を務めていた。実績に照らせば、人選自体はごく順当といってよい。いずれにせよ、最新の科学技術を披露するはずの日本館パビリオンで、それとはまったく異質な展示が行われることになったのである。

四号館のなかにはふたつのシリンダー状の塔が設けられ、その内側には河野が制作した「よろこびの塔」「かなしみの塔」というふたつのタペストリーが設置された。ふたつのタペストリーは、いずれも縦九・二メートル、横一九・二メートルの横長の画面に描かれている。「よろこびの塔」は燃えさかる日輪の輪が白と橙で表現されている。一方の「かなしみの塔」の背景は赤と黒で、ほぼ左右対称の構図の中央に白黒で描かれたキノコ雲が沸き上がっていて、その奥には原爆ドームらしい建物の影が映っている。両脇に原爆の被害を連想させる激しい筆触の跡がみられるものの、図柄は全般に抽象的で、原爆のイメージを強く喚起するものとは言いがたい。

このタペストリーの制作にあたっては、事前に原爆の被害をテーマとした海外の先行作品の調査が行われ、フランスのジャン・リュルサの「世界の歌」という連作の存在がクローズアップされていた。河野が「よろこびの塔」と「かなしみの塔」を制作するにあたって「世界の歌」をおおいに参考としていたことは間違いない。

大阪万博終了後、長らく非公開のまま保管されていたというこのタペストリーを、わたしは二〇〇九年に国立科学博物館で開催された「一九七〇年大阪万博の軌跡」展ではじめて見たとき、おおいに面食らった。もちろんそれは、初見の時点では開催当時の事情を知らず、なぜこのような作品が制作されたのか見当がつかなかったためなのだが、一九七〇年当時も初見時のわたしと同様の感想を抱いた者がいたようで、万博開幕の直前に行われた懇談会メンバーによる見学会では、「『原爆の悲惨さがすこしもつたわってこない』と日本館側に再検討を求めた」[7]ものの、日本館側が時間不足を理由にこれを固辞したエピソードが残っている。当の河野は「原爆展示のデザインがむずかしいとは初めから覚悟していたが、あれほどタブーや注文があるとは考えてもみなかった。結果的に、リアルな表現がおさえられて〝半具象〟表現になったが、そのなかで私なりに苦心して原爆被災の悲惨さを表現したつもりだ」[8]と、具体的な事例や固有名への言及は慎重に避けながらも、周囲の多くの雑音にわずらわされたことを示唆している。詳細は不明だが、原爆の被害をリアルに描くことに対して、被爆者やその遺族をはじめとする多くの関係者が強い抵抗や拒否反応を示したと考えるのが自然だろう。

大阪万博の日本館における原爆の被害の展示は、原子力をテーマとした展示の可能性が模索されるなか、当時の日本の原子力技術は対外的に広く紹介できる水準に達していなかったため、やむなく消去法で選択されたことがうかがわれる。展示にあたっては、観客に不快感を与えないのはもちろん、原子力の平和利用を強調することや、国の原子力政策や諸外国、とりわけアメリカとの関係に悪影響を及ぼさないための配慮が不可欠であった。先に原子力発電の技術と原子爆弾の技術が表裏一体の関係にあることについて触れたが、原子力の平和利用の展示と原爆の被害の展示もまた表裏一体の関係、同じ写真のポジとネガのような関係にあると言ってよい。

5・7 矛盾の壁

同様の拒否反応は、ほかの展示にも認められた。お祭り広場を覆っていた丹下健三設計の巨大な大屋根の上階には「空中テーマ館」と呼ばれるパビリオンが設けられ、「進歩：未来の世界――宇宙、人間、世界、生活」というテーマ展示が行われた。このテーマ展示の全体のプランを作成したのは、建築評論家の川添登とグラフィックデザイナーの粟津潔だった。このパビリオンでは黒川紀章のカプセル住宅などのさまざまな作品が展示されていたが、その一角を占めていたのが木村恒久の「矛盾の壁」であった。木村は当時第一線で活躍していたグラフィックデザイナーで、SF的想像力を駆使した作品によって知られていたが、当時精力的にフォトモンタージュに取り組んでいたこともあり、この展示では高さ三メートル×長さ三〇メートルの壁の両面に「戦争」「平和」「破壊」の三つのテーマを表現したフォトモンタージュを制作することを提案し、「戦争」ではキノコ雲の連なりを、「破壊」

は瓦礫の下に露出する人間の裸足のクローズアップを制作、常任委員会の了承を得た。ところが、開幕一か月前になって、万博推進本部は、「表現が悲惨すぎる」「人物写真を出すのは人権侵害だ」といった理由で木村に作品の変更を指示、あたりさわりのない表現に修正された結果、悲惨な印象は大きく後退した[9]。この際、推進本部が何をもって悲惨と判断したのかという基準は明示されなかったが、今までの事例を見る限り、原爆ドーム等の廃墟写真はOKだが、被災した人が写っている写真はNGということなのだろう。

5・8 「太陽の塔」と原子力

ところで大阪万博には、日本館や空中テーマ館の展示とはまたまったく違った角度から原子力の問題について提起している作品がある。岡本太郎の「太陽の塔」（図5・3）がそれであるというと、多くの読者が意外に思われるだろうか。実はこのことに関してはすでに何度か指摘したことがあるが[10]、原子力の展示をテーマとする本章ではこの問題はやはり正面から取り組む必要があると考え、重複を厭わずここで取り上げることにした。

「太陽の塔」には三つの顔が描かれている。三つの顔はいずれも日本神話を意識したもののことで、上の金色の顔が「天照大神」、中心の顔が「太陽の顔」、そして後ろの顔が「黒い太陽」に相当するという。そしてかつては、「地底の太陽」という第四の顔が地階に設置されていた。この顔は万博終了後長らく行方不明のままであり、わたしも写真でしか見たことがなかったが、二〇一八年の一般

図5・3　「太陽の塔」正面（筆者撮影）

公開に合わせて復元された。

　この三つの顔のうち、もっとも知名度が高いのはもちろん正面の「太陽の顔」（愛知県犬山市の日本モンキーパークに設置されているが、岡本が前年（一九六九年）に手がけた「若い太陽の塔」というモニュメントにも「太陽の顔」が掲げられている。おそらくこの作品は、「太陽の塔」のプロトタイプとして制作されたものだろう）だが、もっとも強烈なインパクトを与えるのはやはり後ろの「黒い太陽」であろう（とりわけ、当時の写真で容易に確認できるが、お祭り広場で行われた大阪万博の開会式で、華やかな紙吹雪が舞う会場の一角にそびえる「黒い太陽」の異様な印象は際立っている。**図5・4**）。岡本は、戦後間もない時期には「黒い太陽」（一九四九年）という絵画を発表し、またそれからしばらく後に同じタイトルの詩篇を書き残すなど、「黒い太陽」というモチーフに強くこだわっていた。ちなみ

図5・4　「太陽の塔」背面（筆者撮影）

に、詩篇の末尾は以下のとおりである。

太陽こそだから
女性にとっては輝かしい男性であり
逆に　男性にとっては母胎なのである[11]

「太陽の塔」の尖ったシルエットが男性器を、逆に「生命の樹」と題された塔内の展示が女性の胎内を彷彿とさせることは以前から指摘されてきた。その意味では、「黒い太陽」は両者を統合した一種の両性具有の象徴と言えるだろうか。

ところで、この「黒い太陽」の着想には、日本神話のほかにジョルジュ・バタイユにも多くを負っているように思われる。よく知られているように、岡本は約一〇年間の滞仏中にバタイユと親しく交流し、文化人類学の理解からヘーゲルの解釈にいたるまで、広範囲にわたって影響を受けていた。現在では、バタイユの推薦によって秘密結社「アセファル」の供犠にも参加していたことも明らかになっている。

バタイユは人類学や社会学の知見をもとに特異な思索を展開した思想家・文学者だが、永遠に輝き続ける太陽のイメージと、頻繁に言及していた「蕩尽」というキー概念との相性の良さもあってか、「腐った太陽」や「太陽肛門」という著作を発表するなど、太陽という比喩は彼の非常に好むところであった。そういえば岡本もまた、「太陽の塔」「黒い太陽」のほかにも、「太陽の神話」「太陽の鐘」「緑の太陽」など「太陽」という言葉をタイトルに含む作品を数多く制作しているが、この事実もまた明らかに在仏時代に親しい関係にあったバタイユの影響を感じさせる。

そのバタイユは、太陽について以下のように述べている。

> 太陽というものは、人間の立場からすれば（つまり、正午という観念と混同する限りでは）最も高揚した概念である。しかもそれは最も抽象的なものだ。なぜなら、その時刻にそれを凝視することは不可能だからである。眼が無能力のせいで止むなく太陽を去勢せざるを得ない者の精神の中に、太陽についての観念を描きつくすためには、そのような太陽は、詩的に考えて、数学的静謐と精神的効用との意味合いを兼有していると言わねばなるまい。[12]

実のところ、「太陽の塔」の太陽が原子力の比喩なのではないかとの指摘は、別段わたしの独創というわけではなく、いくつかの先例がある。そのひとつが美術家・岡﨑乾二郎によるもので、彼は

「明日の神話」との並行関係や縄文論との類縁関係に加え、丹下健三とのダイアローグや、同じく原爆をモチーフとした白井晟一の「原爆堂」やイサム・ノグチの「ヒロシマ・モニュメント」との構造的類似なども例にとり、「太陽の塔」に深く浸透した原子力のイメージを鮮やかに解きほぐしていく。

太陽に岡本とバタイユの共通点を見る岡崎は、この一節を介して、バタイユは「太陽を手に入れる可能性」こそ人の存在そのものを分裂、解体させることを的確に見抜いていたと指摘する。[13] バタイユにとって、太陽とは無限に贈与する存在、象徴と栄誉のイメージにほかならず、太陽のように生きることとは「蕩尽」すること、すなわち決して尽きることのない財と性を浪費しながら生きることと同義であった、とでもなるだろうか。最終的には訣別してしまったとはいえ、岡本の著書のタイトルともなり、また塔の裏側にも描かれた「黒い太陽」が、バタイユに多くを負った原子力のメタファーであることはたしかなように思われる。

さらに岡崎は、そこに読売新聞が一九五四年に展開した「ついに太陽をとらえた」という原子力のキャンペーンのイメージを重ね合わせて、原子力と太陽のイメージを接続しようとしている。そこに浮かび上がってくるのは、原子力平和利用推進派としての岡本の姿以外の何者でもないはずだ。

岡本は以前から原子力に強い関心を示し、それをテーマとした作品やエッセイを発表してきた。その関心が「太陽の塔」の「黒い太陽」へと集約されていると考えられる根拠は、すくなくとも三つ挙げることが可能である。

第一に大阪万博の電力が原子力発電によってまかなわれていた事実である。すでに述べたように、大阪万博が開幕した一九七〇年三月一四日は敦賀原発の営業運転開始日でもあり、次いでまだ会期中

図5・5 「明日の神話」(筆者撮影)

であった八月八日は美浜原発からも万博会場への送電が行われている。自らの著書で繰り返し言及するなど、以前から原子力に高い関心を示す一方で、大阪万博にも深く関与していた岡本がこの事実に注目していなかったはずはない。

第二に、テーマ館の展示計画変更である。この経緯もまた先ほど述べたとおりだが、「太陽の塔」がもともと空中テーマ館と地上を結ぶエレベーターの役割を担っていたことをふまえれば、岡本もまたこの問題の当事者のひとりと言っていい立場であった。一連の経緯を見ていた岡本が、諸々の制約がある万博という晴れがましい場で原子力を直接表現することが難しいなら、何らかの比喩で表現してみようと考えるのはいたって自然なことだろう。

そして第三に、「明日の神話」(図5・5)である。現在京王井の頭線渋谷駅最寄りの渋谷マークシティの壁面に設置されているこの巨大な壁画は、もともとメキシコシティのあるホテルに設置される計画だったのが、ホテルの開業が一九六八年のメキシコオリンピックに間にあわなかったために設置が中止されてしまった代物である。壁画はその後長らく行方不明だったが、岡本の死後になってひどく損傷した状態で発見され、日本に返還後に修復され、東京都現代美術館での展示を経て、現在の場所に恒久設置されることになった。この作品は、現在にいたるまでにたどったなんとも数奇な運命もさることながら、その発見・修復のプロセスを通じて、一九五四年に起こった「第五福竜丸事件」をテーマとしていること、一時期は「広島と長崎」というサブタイトルがついていたことなども知られるようになった。画面の縁に水平線が描き込まれる一方で、中心では船が捕らえた魚を曳航していて、その上にキノコ雲が立ち上っている情景が描かれたこの絵は、まぎれもなく原子力をテーマとした作品である。南太平洋上で漁船が被爆した第五福竜丸事件は、戦争状態でなくても核の惨禍が起こりうることを示したことで岡本の創作意欲を強く刺激し、翌一九五五年には「燃える人」という作品が制作され、ちょうどこの年広島で第一回が開催された原水爆禁止世界大会美術展に出品されるきっかけともなった。もっとも、「明日の神話」の制作は「太陽の塔」とほぼ同時進行であったため、原子力というモチーフを共有しているのは当然と言えば当然であるのだが。

二〇二三年一〇月、東京のローカルニュースで「明日の神話」の大規模修復が始まったことが報道された。二〇〇八年一一月の設置以来約一五年が経過し、傷みや汚れが目立ってきたことが原因とのことで、帰国時に修復を担当した吉村絵美留が今回も修復作業を行っているという。作品をすみずみまで熟知した吉村の手によって、「明日の神話」がまた新たな姿を見せてくれることが期待される。

岡本が原子力に強い関心をもっていたことはたしかだとして、では原子力を「黒い太陽」に見立てた岡本の原子力観はいかなるものだっただろうか。それはたとえば以下の一節によって知ることができる。

> 誇らしい、猛烈なエネルギーの爆発。夢幻のような美しさ。だがその時、同じ力でその直下に、不幸と屈辱が真っ黒くえぐられた。誇りと悲惨の極限的表情だ。あの瞬間は、象徴としてわれわれの肉体のうちにヤキツイている。過去の事件としてでなく、純粋に、激しく、あの瞬間はわれわれの中に爆発しつづけている。瞬間が爆発しているのである。原爆が美しく、残酷なら、それに対応し、のりこえて新たに切りひらく運命、そのエネルギーはそれだけ猛烈で、新鮮でなければならない。でなければ原爆はただ災難だった。落とされっぱなしだったということになってしまう。(14)

一読してわかるように、この文章は原爆が投下された瞬間を描いたものだ。むごたらしい被害のイメージがこれでもかとばかりに強調されており、その限りにおいて岡本が「反核」の意志を表明していることは間違いない。だがそれと同時に、この文章では原子力の美しさが賛美され、また新たなエネルギー開発への期待が表明されてもいる。こうした両義的な視点は、丸木位里・俊夫妻や鶴岡政男といった、核の惨禍をテーマとした作品を制作した同時代の美術家にはまったくないものだ。とくに最後の一文は、「原爆の悲惨さを知る日本人だからこそ、率先して原子力エネルギーの開発に取り組まねばならない」と言っているようにも読めるではないか。この文章全体に一貫しているのは、決して素朴な反核の主張などではなく、原爆に代表される核のネガティブなイメージと、「Atoms for Peace」に象徴される原子力の平和利用の可能性を別個のものとして分離して考えようとする姿勢である。その意味では岡本の思考は、CIA＝正力的な原子力の平和利用推進派に近接しているともいえよう。これが決して牽強付会な理解ではないことは、次の一文をあわせて読むことで了承されるはずである。

実際、今日ほど生活が空間的にふくれ上がったことはないだろう。膨大な、人間の空間へのアヴァンチュール、原子エネルギーの驚異を始め、ロケット、人工衛星、宇宙旅行、また地球観測年など、その拡がりは無限だ。このような時代に、芸術の意識も当然、空間的なひろがりをおびてくる。紙やキャンバスの平面に、しみのように染めていくのではもう我慢できない、というのは当たり前だ。(15)

戦後間もない頃、岡本太郎が東京国立博物館の常設展示室で、単なる考古資料として展示されていた縄文土器に美を見出して衝撃を受けた逸話はあまりにも有名だ。岡本は『今日の芸術』や『日本の伝統』などの著作を通じてモダン・アートとしての縄文土器の美を繰り返し強調する一方、丹下健三、白井晟一、篠原一男、池辺陽、吉村順三といった錚々たる建築家が議論を戦わせた「伝統論争」でも独自の立場から論陣を張るなど、一九五〇年代末にはすでに縄文論の論客としても著名であった。芸術の根源へと到達するために、縄文に象徴される日本文化の古層へと降下していこうとするその姿勢は、原子力という新たなエネルギーや宇宙開発に代表される新しいテクノロジーの礼賛とは一見正反対なように思われる。しかしこの一文を読めば、岡本の内面において、「空間のひろがり」や「エネルギーの爆発」という共通項を通じて、両者がまぎれもなく通底するものとして捉えられていたことがわかる。岡本にとって、原子力とは縄文と同様に芸術の問題でもあったのである。そうしたことを前提に考えれば、すでに検討したように、「太陽の塔」の太陽が、実はほとんど無尽蔵のエネルギーと同義である原子力のメタファーであったと考えても、決して不自然ではあるまい。

実のところ、岡本の原子力に対する両義的とも曖昧とも受け取れる姿勢は、「太陽の塔」よりもかなり以前に認めることができる。その一例が、一九五六年に公開された映画「宇宙人東京に現る」（島耕二監督、大映）である。岡本は、日本初の本格カラーSF映画であるこの作品に登場するパイラ人という宇宙人のキャラクターデザインを担当している。ヒトデ形人間の中心にデフォルメされた大きな目のある、いかにも岡本らしいデザインだが、それ以上に注目すべきはその設定である。パイラ人は異星人だが地球人に対して友好的で、天体Rが地球に迫っていることを警告すると同時に、水素爆弾によっても取り除かれない天体Rを排除し、人類救済に力を貸してくれる存在でもある。岡本は「色彩指導」という肩書きでこの作品に参加したにすぎず、設定やストーリーの根幹にかかわっていたわけではないが、必要悪としての核武装を容認しながらも、結局天体Rの排除には役立たず、最後には核のない世界が実現されるという、この作品の核に対する両義的な（あるいは、むしろ反核的な）描写は、以下の文章にも現れる岡本のその後の姿勢にも大きく影響を与えたように思われる。

芸術は太陽のエネルギーである。ここには経済原則のギブ・アンド・テークは成り立たない。陽光の如く無制限に、エネルギーを放出し、怖いほど与える。だからそのように真に創造し与える芸術家は芸術に於いて絶対に悔いないのである。[16]

「太陽の塔」と原子力の関係については、ほかにも何人かの論者が指摘しているのだが、ここでは文芸評論家の絓秀実の議論を参照しておきたい。[17] 絓もまた岡本が原発の平和利用推進派であったと考えるひとりであり、「太陽の塔」にバタイユのヘーゲルへの対抗戦略との類似を見るなどの独自の解釈を展開しているが、わたしがここで注目したいのは「太陽の塔」が「産学共同」の嚆矢であるとの指摘である。「太陽の塔」は大阪万博という大規模な国家的プロジェクトの中枢において実現された作品であり、その成立の過程はまぎれもない「産学共同」である。「原子力ムラ」や「御用学者」といった言葉に代弁される利権構造と不可分の関係にある原発もまた「産学共同」の典型であり、その意味で両者があからさまな類縁関係にあることはたしかだ。だが絓の指摘が秀逸なのは、そのこと以上に、かつては学生運動などの批判の対象であった「産学共同」が、今日の「学問」や「芸術」にとってはアンタッチャブルな領域になったことと、かつてはしばしば醜悪なものとして展開されていた「太陽の塔」への批判がいつのまにか消滅したこととの並行関係を見ている点にある。たしかに、この並行関係は、もともとは大屋根の下で地上と空中テーマ館を接続するエレベーターにすぎなかった「太陽の塔」が、いつしか公式のシンボルタワーであったはずのエキスポタワーにとってかわって大阪万博のシンボルとして君臨するようになった決定的な理由足りうるだろう。[18] それはとりもなおさず、生前の一時期はCMタレントとしての奇矯な振舞いによってイロモノ扱いされていた岡本太郎が、一九九六年に本人が亡くなってしばらく経過した後、いつのまにか「国民的芸術家」として高く評価されるようになった理由をも明らかにするはずだ。

『反原発の思想史』で、絓は大阪万博当時の全国各地の反原発闘争について回顧している。それによれば、当時の反体制運動の大半は「七〇年安保闘争」という幻影に囚われており、電力供給等のかたちで万博にも介在していた原子力の問題にはまったく無関心だったという[19]。当然、ハンパクをはじめとする反万博闘争の闘士の視野にも、反原発の問題はほとんど捕えられていなかった。原爆に代表される「核」のネガティブなイメージと原発に代表される「夢のエネルギー」としての原子力の可能性を分離した一九五〇年代の原子力平和利用博覧会の図式は、十数年後の大阪万博の時点でも依然として有効だったのだ。その意味では、当時の岡本太郎が夢想した「猛烈なエネルギーの爆発」「太陽の塔」が体現した原子力のイメージもその図式を超え出るものではない。岡本の認識の時代的な限界は明らかであるが、それを約半世紀が経過した現在の視点から批判することは必ずしもフェアとはいえないだろう。

しかし、岡本太郎と反原子力や反原発を結びつける近年の思潮は、明らかに話が違うといわねばなるまい。こういった思潮が岡本太郎の死後の再評価のなかで形成されてきた俗説にすぎないことは明らかだし、こうした俗説をうのみにすることは、シンボルタワーの交代劇に象徴される大阪万博の諸問題、あるいは反原発の諸問題の誤解へとつながりかねない。繰り返すが、岡本太郎は「反核」ではあっても決して「反原子力」「反原発」ではなかったし両者を意図的に混同してはなるまい。わたしは、岡本太郎の再評価に正面切って異を唱えるつもりはないが、すくなくとも偽りの神話は脱構築されねばならないと考える。

二〇一八年三月一九日、二年がかりの耐震補強や内部復元工事を終えて、大阪万博の閉幕以来、実に四八年ぶりに「太陽の塔」の内部公開が実現した。わたしがその内部を実見する機会を得たのは、それから数か月後のことだった。そのときはじめて見た「生命の樹」は、前評判にたがわず女性的な想像力に満ちていた。それと前後して、夜の万博公園で「太陽の塔」のライトアップが開始された。現場でその様子を目撃することはかなわなかったが、遠く離れた東京でもそのニュースを何度か目にする機会があった。赤くライトアップされた「太陽の塔」が炉心溶融寸前の原子炉のように見えたのは、はたしてわたしだけだっただろうか。

*本章の内容の多くが、拙著『核のプロパガンダ――「原子力」はどのように展示されてきたか』（平凡社、二〇二四年）と重複していることをお断りしておく。

註

（1） https://atomium.be/expo58

（2） 佐藤嘉幸+田口卓臣『脱原発の哲学』人文書院、二〇一六年、六四頁。

（3） エミリオ・セグレ『エンリコ・フェルミ伝』久保亮五・久保千鶴子訳、みすず書房、一九七六年、一九六頁。セグレによると、フェルミは政治に無関心なノンポリだったという。この点に関しては、山本義隆『原子・核・原子力――わたしが講義で伝えたかったこと』岩波現代文庫、二〇二二年、二三八頁をあわせて参照のこと。

（4）日本貿易振興会編『1958年ブリュッセル万国博覧会報告書』日本貿易振興会、一九五九年、および日本万国博覧会協会編『ブリュッセル万国博覧会参加国代表会議報告書』第一回～第五回、日本万国博覧会協会、一九六八年。

（5）「ブラッセル万博日本参加計画」『工芸ニュース』一九五八年三・四月号。この特集記事には、「遂に戦争によってすべてを失ってしまう戦前の日本を表現する」（八頁）、また「この部の最後には、ヒロシマの被災写真のパネルが戦前の日本に終止符を打つかのように象徴的にかかげられ、その前面に、あたかも過去の日本の冥福を祈るかのように興福寺仏頭（模造）がおかれる」（一一頁）と、断片的ではあるがパネル写真の展示の意図に触れた箇所がある。なおこの記事は無署名で、これらの意見の提唱者についての記載も一切ない。

（6）通商産業省『日本万国博覧会政府出展報告』通商産業省、一九七一年。

（7）『毎日新聞』一九七〇年三月五日付朝刊。

（8）『毎日新聞』一九六九年一〇月二日付朝刊。なお以下の情報は有賀暢迪「リニアと原爆――大阪万博日本館における科学技術展示の生成」、佐野真由子編『万博学――万国博覧会という世界を把握する方法』思文閣出版、二〇二〇年より教示を得た。

（9）このエピソードは「大阪万博1970デザインプロジェクト」展（東京国立近代美術館、二〇一五年）で紹介されたほか、NHKのテレビ番組「AFTER TOKYO 2020　知られざる1970大阪万博」（二〇二一年一二月二六日放送）でも放映された。なおわたしは前者ではギャラリートークを担当し（二〇一五年四月一二日）、また後者には何度か取材に応じ、情報提供を行った関係で、協力者としてクレジットされている。

（10）このテーマに関しては、今までに暮沢剛巳、江藤光紀『大阪万博が演出した未来――前衛芸術の想像力とその時代』青弓社、二〇一四年、および暮沢剛巳『オリンピックと万博――巨大イベントのデザイン史』ちくま新書、二〇一八年で言及したことがある。

（11）岡本太郎『呪術誕生』みすず書房、一九九八年、一〇―一一頁。

（12）ジョルジュ・バタイユ「腐った太陽」『ドキュマン　ジョルジュ・バタイユ著作集第一一巻』片山正樹訳、二見書房、一九七四年、一一七頁。

(13) 岡﨑乾二郎「芸術の条件　第一回　白井晟一という問題群（前編）」「BT／美術手帖」二〇一一年二月号、一二三頁。

(14) 岡本太郎『私の現代芸術』新潮社、一九六三年、二八九頁。

(15) 岡本太郎『黒い太陽』美術出版社、一九五九年、二七頁。

(16) 岡本、注(14)前掲書『私の現代芸術』七一頁。

(17) 絓秀実「「太陽の塔」を廃炉せよ」、市田良彦・王子賢太・小泉義之・絓秀実・長原豊『脱原発「異論」』作品社、二〇一一年に所収。

(18) 堺屋太一は「『太陽の塔』はもともとシンボルタワーとして造られたものではなかったが、結果的に二つのタワーが万国博に登場した。岡本太郎氏は、『自分の太陽の塔と、菊竹氏のタワー、どちらが真のシンボルタワーかは、大衆の審査に委ねるべきだ』という考えを示した。と同時に、『自分には自信がある』ということを盛んに表明した」と述べている（堺屋太一『地上最大の行事　万国博覧会』光文社新書、二〇一八年、一七二頁）。同書で紹介されている岡本の発言は公の文書や音声として残された記録がなく、また本人の著作でも一切確認できないため信憑性に欠ける面があるが、「エキスポタワー」が二〇〇三年に解体されてしまった一方、「太陽の塔」が施設処理委員会による永久保存決定の措置を経て、二〇二三年の時点でも現存している事実は、「太陽の塔」こそ大阪万博のシンボルタワーであるという岡本の確信が正しかったことを証明するものと言える。これは、当時の先端的な思潮であったメタボリズムに即応した「エキスポタワー」のデザインが時代の潮目が変わったことで急速に陳腐化したのとは対照的に、「太陽の塔」の呪術的、反時代的なデザインが、時代の変化によっても失われるものが少なかったということでもあるだろう。

(19) 絓秀実『反原発の思想史』筑摩書房、二〇一一年、五三頁。

第6章　未来都市
――一九七〇年大阪万博

ウィリアム・O・ガードナー（北村礼子訳）

黙示録さながらの「未来都市の廃墟」という暗黒のビジョンは、第二次世界大戦のトラウマと冷戦紛争や環境破壊の悪夢にさいなまれた、磯崎新と小松左京の作品で明示されているが、それは「人類の進歩と調和」という理想的で楽観的なテーマのもと一九七〇年の日本万国博覧会で提唱された「未来都市」の理想的なビジョンとはまったく相反するものだった。大阪府吹田市で開催された日本万国博覧会（大阪万博）はアジア初の世界博覧会で六四〇〇万人の来場者を記録した。皮肉にも、本書二、三章〔本章原文が収録されている *"The Metabolism Imagination"* の章を指す〕で黙示録的な著作を取り上げた小松と磯崎や、メタボリストの巨匠の丹下健三に加え、黒川紀章、菊竹清訓、榮久庵憲司、川添登らのメタボリストの建築家、デザイナー、批評家たちはみな万博の物理的な空間設計やテーマ表現に重要な役割を果たした。すなわち大阪万博とは、当時のいかなる小説、映画、アニメをも凌駕する、共同作業によって生み出された空間であり、戦後の日本に出現した理想的な「未来都市」を鮮烈かつ有意義に表現した類いまれなSF的プレゼンテーションだったのだ。

大阪万博は先端技術、没入型デジタル環境、目新しい建築を結集し、未来社会のシミュレーションの場として日本を披露した。実際、多くの新聞記事で、万博は「未来の都市」と告知され、一九三九―四〇年のニューヨーク世界博が「明日の世界」として注目を浴びたことを髣髴とさせた。また大阪万博は昭和天皇列席のオープニングセレモニーなどの大規模な「国際」イベントを通じて日本と諸外国とのかかわりを巧みに演出した。こうした試みはおおむね成功し、日本の国際的なイメージを向上させ、第二次世界大戦の惨状から復興したうえにハイテクな地球の未来を具現化していると見られるようになった。すなわち本章の終盤で後述するように、日本は「テクノオリエンタリスト」であるというビジョンが萌芽したのだ。こうした国内外の要素の相乗効果によって、日米安全保障条約やベトナム戦争に対する激しい抗議のせいで分裂していた国家は「進歩と調和」に沸いた。しかし一見楽観的な万博のテーマとは裏腹に、テーマ表現に潜在し、建築や展示空間に組み込まれた未来像はかなり複雑化していった。本章では、大阪万博の理想的な側面とともに、万博の華々しい虚飾に潜む未来に対する不調和要素や不安材料を検証していく。さらに（未来学の新たな学際的分野を通じて）未来の諸問題を探求し、来たるべき「情報化社会」のビジョンを見据えようとした建築家、作家、芸術家、学者の多様なネットワークにおいて、博覧会が物理的かつ知識的な結合点もしくは接点となった過程を探求する。

6・1　SFと大阪万博

大阪万博とSFのかかわりは顕著で多岐にわたる。小松左京が企画と批評を手がけているほか、SF関係の作家や芸術家が万博に携わった例は枚挙にいとまがない。たとえば有名漫画家の手塚治虫はフジパン・ロボット館をプロデュースし、作家の安部公房と映画監督の勅使河原宏は自動車館のために、悲喜劇を描いたマルチスクリーンSF映画を製作した[1]。またウルトラマンやゴジラで有名な特殊撮影の神様こと円谷英二をはじめとするSF映画作家たちが三菱未来館に全面協力し、福島正実、星新一、矢野徹らのSF作家、イラストレーターの真鍋博も加わって、東宝映画の田中友幸プロデューサー（映画「ゴジラ」のプロデューサー）指揮のもと総力を結集した。この三菱未来館も、ほかの展示館同様、一般企業の後援のもと、経済、科学技術、および自然資源を「開発」し「管理」する理想郷（ユートピア）として、五〇年後の楽観的な未来像の展示に力を入れていた。来場者は動く歩道に乗って巨大なスクリーンやジオラマが見どころの四つの展示室を巡回したが、それはさながら人気SF雑誌のページから切り取られたかのような光景だった。「日本の自然」という名の第一室ではマルチスクリーンに嵐、火山噴火、津波の猛威が映し出され、第二室「日本の空」では宇宙ステーションと世界気象管理センターによって地球の気象が制御可能となることが示され、第三室「日本の海」では海底都市、水耕栽培の「海中牧場」、海底発電所が紹介され、第四室「日本の陸」では緑に囲まれ「自然と調和」した未来都市が強調され、壁掛けテレビやホーム電子頭脳などの近未来の商品を誇示するモデルハウスが紹介されていた[2]。

さらに国際SFシンポジウムが奇遇にも大阪万博と同じ時期に八月三一日から九月三日にかけて日本で開催され、東京、名古屋、大津でのイベントとともに万博会場のツアーが目玉企画となった。鉄のカーテンの両陣営からSF作家たちが集った顔合わせの席に代表されるように、このシンポジウムには、イギリスからブライアン・W・オールディス、アーサー・C・クラーク、北アメリカからジュディス・メリル、フレデリック・ポールが参加した一方、ソビエト連邦からもワシリー・パヴロヴィッチ・カンディンスキー、ユーリ・ヨシフォヴィッチ・カガリツキー（ユリウス・カガリツキー）、エメレイ・ユドヴィッチ・パルノフ、ワシリー・ドミトリエヴィッチ・ザハルチェンコが参加し、日本人作家の小松、福島、星らと合流した[3]。

大阪万博や「万博」というテーマを扱った日本のSF作品には、眉村卓の小説『EXPO'87』（早川書房、一九六八年）があり、二〇年先の一九八七年に開催される架空の東海道万博に各企業が出展し、エンターテインメント、レジャー、情報産業での優位性を競う様子を描いている。また筒井康隆も風刺小説「人類の大不調和」（一九七〇年）、「深夜の万国博」（一九七〇年）を執筆している。後者ではアメリカとソビエト連邦の展示館の競合が冷戦めいた茶番劇に仕立てられ、博覧会の会場で国際的なスパイ合戦が勃発し、ドーム型のアメリカ館が空飛ぶ円盤となって空中に浮かび上がるという結末を迎える[4]。大阪万博は、湯浅憲明監督の怪獣映画「ガメラ対大魔獣ジャイガー」のロケ現場としても注目され、その後もベストセラー漫画『20世紀少年』（小学館、一九九九―二〇〇六年）および漫画を原作とした映画三部作（堤幸彦監督、二〇〇八―二〇〇九年）で重要な役割を果たした。大阪万博が小説のなかでこのように特徴づけられているのは興味深いが、本章では大阪万博会場そのものが未来についての共同的理念と対立的理念の双方を生み出す場となっていった現象に焦点をあてていく。すなわち万博会場は多様な価値観の共作による「サイエンス・フィクション」となったのだ。

6・2 「万国博を考える会」と万博テーマの起源

大阪万博は高度成長期絶頂における吹田地域の大規模なインフラ開発の一環で、これには阪急鉄道の延長（一九六七年完成）、名古屋と神戸を結ぶ名神高速道路の建設（一九六三―一九六五年）、千里ニュータウンの開発も含まれ、博覧会場予定地に隣接する一〇〇〇ヘクタール以上の土地開発が計画され、一五万人の人口を収容できる住宅地が建設され、一九六二年に最初の区画がオープンした。通商産業省（ＭＩＴＩ）は折しも一九六四年の東京オリンピックが東京と関東地域の再開発を刺激し功を奏したのをふまえて、同一九六四年、博覧会国際事務局（ＢＩＥ、国際博覧会事務局）に、日本の戦後の復興と近代化の披露、経済的刺激、関西地域のインフラ開発のさらなる促進につなげるべく、博覧会の開催を申請した。かたや日本の左翼はオリンピックについても一九六〇年の日米安全保障条約改定に対する反対運動から目をそらすものだと批判したように、大阪万博についても疑惑を表明し、とくに万博の開催予定時期が安全保障条約の一〇年経過後の自動延長と奇しくも重なることを問題視した。万博の動機に対する疑惑は、イベントで表現されるイデオロギーへの批判とあいまって、博覧会の計画段階から開催期間を通じて活発化し拡大していった反博運動の火種となった[5]。

しかし、大阪での博覧会主催を申し入れるという発表は、京都大学閥の関西在住の博識者たちの建設的な議論でも取り上げられた。「万国博を考える会」という研究会が一九六四年七月に発足し、京都大学の人類学者の梅棹忠夫教授、コミュニケーション学者でメディア評論家の加藤秀俊、そして大阪出身で京都大学を卒業した小松左京がその中心メンバーとなっていた。小松は当時ジャーナリスト兼ラジオ脚本家として働くかたわら、SF作家としてのキャリアを築き始めたばかりだった。この会は大阪万博の中心となるテーマゾーンの製作と日本での未来学の台頭とを結びつける肝となる知的な人脈を育んだが、そもそもの発端は大阪朝日放送が発行した雑誌『放送朝日』であり、小松、加藤、梅棹は常連の寄稿者だったのだ。実際『放送朝日』の編集スタッフは「万国博を考える会」の発展を強力に後押しした。この雑誌は、通常はいわゆるメディア企業の広報誌という体裁をとっていたが、「万国博を考える会」の知的背景を理解し、役割を広げるのに重要なコンテクストを提供した。(6)

一九六三年から一九六六年にかけて、小松は『放送朝日』に関西全域の地域文化史の特集「エリアをゆく」を連載した。(7) 小松の関西地方の地理と文化に関する記事に加えて、『放送朝日』は、梅棹、加藤、桑原武夫所長を含む京都大学人文科学研究所の多くのメンバーによる人類学と比較文化研究に関する多数の論文を特集した。(8) この研究所の人脈は博覧会のテーマの最終的な擁立に裏方として寄与し、「万国博を考える会」の相対論的で多極的な人文主義の影響により、アジアの国が主催する初の万博のテーマとしてアジアやアフリカの知識や「知恵」を強調する試みがなされた。(9)

さらに、「情報」と「情報化社会」という概念が大阪万博のテーマの立案で重視されたことを鑑みると、一九六三年一月の『放送朝日』にて梅棹の先駆的な論文「情報産業論」がはじめて開示されたのは実に興味深い。この論文は「情報化」「情報社会」といった情報理論に関する報道ブームの火付け役となったとされている。コミュニケーション学者の伊藤陽一によると、情報化社会という用語は梅棹の初出の論文では実は使用されておらず、『放送朝日』一九六四年一月号に掲載された座談会ではじめて用いられ、さらに一九六四年一一月号から一九六六年七月号にかけて「情報産業」を主題とする特集が連載された[10]。つまり「万国博を考える会」のメンバーは、この研究会への加入とまさに時を同じくして当時の社会の情報システム、コンピュータ化、メディア化の最前線を担い、一九六〇年代後半を通じて万博に貢献するとともにこうしたトピックのリサーチや理論化の発展に積極的に取り組み続けたといえよう。

「万国博を考える会」のメンバーは、日本の提案に関するアイディアや批判的見解を交わすばかりでなく、万国博覧会の歴史をリサーチし、とくに一九五八年のブリュッセル万国博覧会以降の戦後の博覧会のテーマの発展に注目しつつ、当時開催中のニューヨーク世界博と一九六七年に開催予定のモントリオール万博を研究した。そして通商産業省から博覧会国際事務局（ＢＩＥ）への当初の提案がビジョンに欠けることを懸念し、万博の発展に重要なインパクトを与えるものと思われる一連の国民批判を提示した。要約すると、その主張は以下のとおりである。第一に、万博は単なる日本の製品や経済発展に特化した「見本市」ではなく、テーマをはっきりと見据え、知恵や情報を交流させる交換会として捉えるものでなくてはならない。これにはたとえば公害、資源の枯渇と分配、遺伝的侵食と多様性といった複雑な地球規模の問題についての情報なども含まれる[11]。第二に、博覧会の企画においてはアジア初の万国博覧会としての万博の重要性を看過せず、アジアとアフリカの国々の参加を強調すべきである。第三に、博覧会の空間造形は保守的な官僚によって進められるべきではなく、むしろ博覧会の企画においては革新的なビジョンを実現するために最先端の芸術家や建築家に采配をゆだねるべきだ。

「万国博を考える会」は、自主的で私的な研究会として一年間活動した後、一九六五年九月一五日に大阪科学技術センターで第一回総会を開き、研究成果を公開し、さらなる議論と討論につなげようと試みた。まさに大阪が一九七〇年の日本万国博覧会の開催都市に決定したという正式な発表がなされた翌日のことだった[12]。「万国博を考える会」は当初、純粋な研究を旨とし、せいぜい外部からの文脈化と建設的な批判を提供するにとどめるつもりだったが、ほどなく地元の大阪府職員から万博の企画について相談を受け、国際博準備員会も博覧会のテーマをきちんと見据えるべきだという彼らの提案を採用した。小松や加藤をはじめとする数人のメンバーがすぐさまテーマ作成委員会のメンバーに抜擢され、京都大学人文科学研究所で加藤と梅棹の先輩であり万博テーマの最終草案の責任者だった仏文学者の桑原武夫に協力した。最終的に、委員会は「人類の進歩と調和」という、揶揄されかねない楽観的なテーマを打ち出した。その後に発足したサブテーマ委員会は同じく理念的なサブテーマでこのモットーを練り上げ、池田勇人内閣の一九六〇年の所得倍増計画によって確立された経済成長と消費者資本主義の路線に沿って博覧会の世間的価値を確定した。「よりゆたかな生命の充実を」「よりみのり多い自然の利用を」「より好ましい生活の設計を」「より深い相互の理解を」と[13]。

最終章〔原著書籍〕で論じるように、万博での「進歩」の擁立には、電力供給源としての原子力の平和的利用の可能性の促進も含まれていた。それゆえ電気事業連合会後援の電力館の会場などでは原子力エネルギーがひときわもてはやされた。実際、万博年の一九七〇年は日本の原子力発電にとって転機の年だった。日本で最初に営業運転した発電所は、一九七〇年に操業を開始した大阪の関西電力の美浜原子力発電所だった。かたや東京電力の福島第一原子力発電所は一九七〇年にはじめて臨界に達し、一九七一年に営業運転を開始した。

「人類の進歩と調和」というテーマは、後に小松のSF作家仲間の筒井康隆の短篇「人類の大不調和」でも風刺されている。この物語では、不気味な「幽霊館」の「ソンミ村館」が、毎朝ごとに万博会場の別の場所に出現する。ソンミとは一九六八年に米軍が数百人の非武装のベトナム市民を大量殺戮した場所で、日本でも「ソンミ村虐殺事件」として知られているが、アメリカではかなり有名な事件だ。筒井の小説では、アメリカ兵が毎朝ほったて小屋のような展示館を襲撃して女性、子ども、高齢者を殺害する。府警本部の機動隊が出動してその日のうちに遺体を集めて展示館を取り壊すも、翌朝には再び出現するのだ。そのうえさらに別の幽霊館「ビアフラ館」が出現する。ビアフラとは一九六七から七〇年のナイジェリア内戦中に独立を宣言したが追いつめられ飢餓と疫病に襲われた分離主義国家で、筒井の小説では、この展示館から出てきた難民が、博覧会のさまざまなレストランやカフェテリアに現われ、食べ物を乞う。困り果てた日本政府は、幽霊館に面目をつぶされた各国館への賠償として、自国も「南京大虐殺館」を設営して精神的な傷を分かちあうことにする。言うまでもなく、筒井の短篇小説でかたくなに再現されている過去と現代の「不調和」は、「人類の調和」を掲げて人工的な娯楽場を創造しようとする理想的な（または官僚資本主義／消費者資本主義的な）試みの矛盾を突いている。

しかしながら、筒井に風刺され、左派メディアや知識層におおいにけなされた公式テーマのバラ色のスローガンを打ち出した当のテーマ委員会でも、一九六〇年代なかばの世界における矛盾、不調和、危機については多くの議論がなされ、核の黙示録の脅威、人口過多、社会的不平等、汚染の問題なども取り沙汰されていた。実際に、公式テーマの宣言にも、かなり表現をやわらげた官僚的な形式の文章ではあるものの、こうした潜在的な懸念が反映されている。

しかしながら世界の現状をみるとき、人類はその栄光ある歴史にもかかわらず、多くの不調和に悩んでいることを率直に認めざるをえない。技術文明の高度の発展によって、現代の人類は、その生活全般にわたって根本的な変革を経験しつつあるが、そこに生じる多くの問題は、なお解決されていない。さらに世界の各地域には大きな不均等が存在し、また、地域間の交流は、物質的にも精神的にも、いちじるしく不十分であるばかりか、しばしば理解と寛容を失って、摩擦と緊張が発生している。科学と技術さえも、その適用を誤るならば、たちまちにして人類そのものを破滅に導く可能性をもつにいたったのである。[14]

本テキストは多極的な人文主義ならではのレトリックによって、そのような悲惨な運命を避け「人類の繁栄」をひらきうる知恵は、一地域ではなく「人間あるところすべての場所にあまねく」あるのだとあくまでも主張している。「この多様な人類の知恵がもし有効に交流し刺激しあうならば、そこに高次の知恵が生まれ、異なる伝統のあいだの理解と寛容によって、全人類のよりよい生活にむかっての調和的発展をもたらすことができるであろう」と。[15] つまり人類の問題を解決するための知恵は一地域（すなわち西洋の文明と啓蒙）にあるのではなく世界すべての場所にあるということから示唆されるように、「調和」という公式の万博テーマの背景には現代の「不調和」という考え方が存在し、その表現の根底には西洋の普遍主義に対する微妙な批判が存在するのだ。[16] さらに、このテキストは、知的、芸術的、人間的な国際「交流」を万博の中心目標に据えている。——これは「万国博を考える会」の核となる信条にもあてはまり、万博会場の中央テーマゾーンをめぐる設計と論議にもすくなからず影響を与えた。しかしながら大多数の来場者や批評家にとっては、それはテーマ委員会全体の声明ではなく「人類のための進歩と調和」という月並みな公式スローガンとして記憶されたにすぎなかった。公式スローガンの一点の曇りもないうわべと、その裏で交わされていたより重要な視点の表明をめぐる議論とのせめぎ合いは、万博が展開されるにつれてかたちを変えて繰り返されたのだった。

6・3　大阪万博と未来学

サブテーマ委員会は、関西を拠点とする「万国博を考える会」の小松左京、梅棹忠夫、加藤秀俊と、関東を拠点とする建築評論家の川添登、経済学者の林雄二郎とが顔をあわせる有意義な場であり、その後、みな未来学を立ち上げるために積極的に活動した。小松曰く、一九六七年モントリオール万国博覧会準備中の訪米視察から帰国後すぐに『週刊朝日』での梅棹との対談の話の流れで未来研究を追求する考えを提案したそうだ。すると、未来社会に関心をもつ真の知識人である林と川添はすぐさまにこの考えにとびついたという[17]。川添は、言うまでもなく、未来の建築設計のマニフェスト『メタボリズム1960』（美術出版社）の編集者兼共著者であり、林は一九六五年に国家経済計画庁の経済研究所の所長として、二〇年後の一九八五年の日本人のライフスタイルに関するレポートを共著し各界に大きな影響を与えた[18]。また林は「万国博を考える会」のグループのメンバーとのかかわりを深めた後、一九六九年に、「情報社会」に関する書籍として一世を風靡した『情報化社会――ハードな社会からソフトな社会へ』（講談社）を出版した。

一九六六年秋、小松、梅棹、加藤、川添、林によって未来学研究会が設立され、一九六八年に日本未来学会に発展し、一九七〇年四月に京都で第二回国際未来学会を主催した[19]。小松は後に、日本の未来学は「万国博を考える会」の研究から派生したと位置づけたが、未来学は一九六〇年代にはすでに研究分野として世界中に浸透しており[20]、一九六七年に満を持してオスロで第一回国際未来学会が開催され、一九七三年の未来学連盟設立の基礎が築かれた。この新興の学際的分野の原理は、未来はもはや根拠のない憶測や宗教の領域ではないという信念だった。未来を想像する志向は歴史的および記号論的な分析を通じて批判的に考察されうるもので、可能性を秘めた未来への洞察はデータ分析、システム理論、モデリング、シミュレーションなどの情報ヒューリスティクス（発見手法）を通じて得られる、というものだ[21]。

そこで、比較文化研究と民族学、メディア理論と「情報社会」、建築と都市計画といった未来学が重なりあう言説の文脈において「未来」の理念を明確にする収束点として、大阪万博が浮上したのだ。一九六七年に読売新聞に掲載された「万国博のビジョン」という記事で、川添はこれらの問題と言説の収束点を次のように表現した。「日本は高度成長をつづけているばかりではない。世界で高密度化と情報化のもっとも進んだ社会であって、日本それ自身、新しい文明の実験室になっている。だから日本博は、ただ単に日本の将来を探るだけのもの以上の文明史的な意味をもっている」[22]。また、丹下健三とともに会場設計の素案を手がけた建築家・都市計画家の西山夘三も『建築雑誌』に寄稿したエッセイ「万国博会場計画——調査から企画へ」で、万博会場は「未来都市のモデル」であると述べている。テーマ委員会の苦心の作である多くの公式テーマに触れながら、西山は以下のように記している。

人口の都市集中はわが国では急速にすすみつつあり、遠からず大部分の日本人は東京・大阪をむすぶ太平洋ベルト地帯に住むようになるといわれているが、世界的にみても人類の生活空間の都市化は必然の方向である。ところが一方、それによって公害・災害・各種のマヒ・不調和・生活環境の悪化が進行している。〔……〕そこに現代の都市にあらわれているもろもろの欠陥を克服した密度の高い生活空間をつくりだし、人々にそれを体験させてみることが、とりもなおさず会場計画における「進歩と調和」の内容となるであろう、これが「未来都市のコア」のモデルとしてそれを作ろうとした理由である[23]。

この結論として、西山は会場の初期設計の四つの原則を提示している。①進行する環境汚染に対して、空気と水を再利用して浄化するシステムと人口湖とを設計し「正しい自然のサイクル」を復活させること。②人びとが顔と顔を向けあって直接の交流と交換ができる「お祭り広場」を作ること。③最先端の人工頭脳装置を設けて会場の諸機能を効率的に制御すること。④これらのシステムを利用して、会場に出入りする巨大な人の流れをうまく処理すること[24]。西山は会場設計の初期段階以降は手を引き、実際の会場に彼の理念がすべて実現されたわけではなかったが、「未来都市」のコアとしての万博会場の概念化は、会場にまつわるレトリックにまで「未来」の概念を行きわたらせ、その初期設計は大阪万博会場の進展に重要な概念的・物理的痕跡を残した[25]。

6・4　シンボルゾーンのデザインと万博テーマの建築的解釈

万博の計画が進むにつれ、会場は外国展示館、企業展示館、周辺地域、中央のシンボルゾーンに分割され、それぞれの万博テーマが建築やデザインを通じて明確に表現された。国際的に有名な建築家の丹下健三が、西山の素案を引き継ぎ、最終的な会場の設計と施工を指揮した。丹下の影響は会場の中心をなす建築の特徴にも現れている。広々としたお祭り広場は側面はオープンだが、頭上には組立式のスチールパイプとボールジョイントを用いた三角格子の「スペースフレーム」の大屋根がかけられ、軽量で半透明のポリエステルフィルムで覆われていた（図6・1）。革新的な芸術家を参画させて最高レベルの計画を練るべく「万国博を考える会」がロビー活動したこともあり、中央のシンボルゾーンとテーマ館の展示場のデザインは岡本太郎に任された。岡本は大胆な太陽の塔を提案したが、これは丹下のお祭り広場の大屋根を突き破るトーテムポールのような彫像であった。この迫力溢れる

図6・1　(Copyrights by Shinkenchiku-sha)

塔からは丹下の屋根に向かって二本の翼のような腕がのび、屋根の上に高くそびえる頂部に金属製の「黄金の顔」を戴き、塔の中腹部ではキュビズムに着想を得た「太陽の顔」が広場に向かって正面を見据え、威嚇するような「黒い太陽」が背後を見据え、地下展示場には「地底の太陽」が配されていた。岡本の塔は万博会場のどこからも目を引き、その原始的で世俗的な外観は、丹下のスペースフレームの近代的で理知的なデザインと対極をなしているかのようだった（**図6・2**）。

会場の構想と設計においてはインフラ整備も重要であり、この点については西山が上記の論文でまず指摘し、丹下が後の設計で詳細に検討した。これらのインフラ要素には、お祭り広場と放射状に広がる各広場を結ぶ動く歩道、会場内を一周するモノレール、外部の鉄道路線や高速道路からつながる入口も含まれ

図6・2 (Copyrights by Shinkenchiku-sha)

ていた。チョ・ヒョンジュンが要約しているように「博覧会の会場の中心であるシンボルゾーンは『木の幹』になぞらえられ、エネルギーと水を有機的組織体の各部に送る施設の中枢神経系とみなされていた。シンボルゾーンから各広場にのびる動く歩道は木の枝であり、各展示館は木に咲く色とりどりの花々だとされた。丹下は七〇年万博を生きた有機的組織体としてとらえ、壮大な中央管理制御システムによって会場の静と動のつり合いが保たれると考えていた(26)」。

中央のシンボルゾーンと充実した交通網はともに、循環、出会い、情報交換をテーマとして強調した万博に必要な要素であり、産業化後の「情報化時代」の幕開けを例示し、説明し、適応したものとして考案された。『新建築』一九七〇年五月号に掲載された川添登との対談で、丹下は「万国博を考える会」のメンバーが最初に表明したいくつかのテーマを掘りさげている。

工業社会の段階ではフィジカルなものを——それは技術であり、科学技術の成果であっていいわけですが——それをエクスポーズ（展示）するエクスポジションがひとつの文明史的な意義をもっていた。しかし、そうした形式は情報化社会に進みつつある現在、あまり意味がない。ハードウェアを展示したり、またそれを見に行くということよりも、むしろソフトウェア的な環境をつくることに意味があるのではないか。むしろ人間と人間との直接的なコミュニケーションとか、人間のもっているノン・フィジカルな伝統とか、知恵とか、文化とか、そういったものを持ち寄ってお互いに集まろう。それはエクスポジションというよりもフェスティバルである。[27]

丹下の意見には、単なる物品の展示ではなくコミュニケーションと交流の場としての万博の重要性を修辞的に強調した「万国博を考える会」の影響が反映されている。さらに、情報化社会というキーワードを使って万博の社会的意義を文脈化する際に「万国博を考える会」の研究グループのメンバーが発案に携わった用語を使用し、「ハードウェア」と「ソフトウェア」の区別も取り入れ、社会の発展の分野や段階の違いを比喩的に区別したが、これは一年前に林雄二郎の著書『情報化社会——ハードな社会からソフトな社会へ』で普及した手法だった。

丹下の意見は、万博の設計に貢献した多くの著名人がさまざまな手法で共有した「情報化時代」の建築設計の概念を明確にしたばかりでなく、当初は万博のテーマの一部として組み込まれていなかった「お祭り」の概念の萌芽を示している。「お祭り」の理念は西山が最初に提案し、丹下と岡本が推進したが、三者三様に違った意味で捉えていた。丹下にとって「お祭り」は「人間のエネルギーの交換、人間の知恵と創造性の交換」だった[28]。岡本にとって「お祭り」はより無秩序で原始的な旗印だった。「万博はお祭りなんだ」と岡本は言う。「博覧会はいろいろな科学知識をそこで学びましたという性格のものではないとぼくは思うんだな。むしろ驚きと喜びが混然と存在し、過去の古い概念や科学知識を切り捨て、カラにしてしまう」と[29]。

シンボルゾーンは、万博のテーマに基づくプログラムを実行するうえでの丹下と岡本のビジョンの妥協または両立を表し、明確な空間表現を通じて「情報の交換」や「お祭り」の概念とともに「進歩と調和」という公式の万博テーマを精巧に作りあげた。「進歩」という公式テーマは、シンボルゾーンのテーマ館の建築の「曼荼羅」のような時空間の階層化によって明確に表現され、地下展示場は「過去：起源の世界」を、地上一階の展示場や「お祭り広場」は「現在：調和の世界」を、広々とした「お祭り広場」を覆う巨大なスペースフレームの天井に埋め込まれた空中展示は「未来：進歩の世界」を表している。そして三つの層すべてを貫く太陽の塔が、岡本の主眼である「命のエネルギー」を表す[30]。サブテーマ委員の一員の小松と川添は、テーマ館のそれぞれ別の部分のサブプロデューサーを依頼された。川添は未来を表す空中展示の責任者であり、小松は過去を表す地下展示の筆頭サブプロデューサーとなった（小松らはそれを宇宙規模で解釈し、ATPなどのタンパク質やヌクレオチドからRNAやDNAなどのより大きな構造にいたるまで、原子や生命の分子構成要素の発達を表す空間を創造してから、生物、人間、そして人類の文化の発達の描写に移行した）[31]。

注目すべきことに、地下会場と空中会場で過去と未来のテーマと一致する大規模な展示が際立っていたのに比べて、現在を表す「お祭り広場」ではあえて展示が全面的に控えられていた。むしろ、巨大な屋根つきの屋外広場は、イベントの「ソフトウェア」となる人びとの公開イベントや日々の交流を収容するための「ハードウェア」シェルだった。大衆的な光景や交流の強調は、建築家の磯崎新が設計した技術イベント「システム」でさらに強められた。なかでも注目を集めたのは巨大ロボット「デメ」と「デク」で、照明の調整、舞台装置の移動、そのほかの万博イベントを補助するために設計された。さらに、この「ソフトウェア」と「情報交換」の概念の強調は、サウンドとビデオの共演、マルチスクリーンディスプレイ、およびその他のマルチメディア環境の集中投入によって、シンボルゾーンと万博の各展示館の双方で強化された。つまり、その概念化と実現において、万博会場全般、とくにそのコアとなるシンボルゾーンは「情報化時代」の到来を告げるために設計された元祖「サイバーシティ」ともいえよう[32]。この「サイバーシティ」と、その批評家、そして日本の建築界とSF界における継承者については、次の章〔原著書籍〕で追っていく。

6・5　「未来の都市」の出現

シンボルゾーンのテーマ館の曼荼羅のような時空間配置が過去から未来への進行を劇的に表現していたのみならず、国や企業の展示館の多くも、建築や展示の選択において、時代性、とくに未来の社会の出現に重点を置いていた。これはそれまでの世界博覧会の主要な構成要素であった理想的な未来思考の風潮とおおむね一致していた。すなわち、一八五一年のロンドン万国博覧会の水晶宮(クリスタルパレス)から、一九三九年から一九四〇年のニューヨーク世界博の「明日の世界」の展示、一九六七年のモントリオール万国博覧会で紹介されたモシェ・サフディの前衛的なアビタ67団地やリチャード・バックミンスター・フラーのジオデシック・ドームにまで通ずる風潮である(33)。

大阪万博で人気を二分した外国展示館、アメリカ館とソ連館は、ともに宇宙の探査と将来の開発で注目を集めた。アメリカ館はNASAの技術や一九六九年にアポロ12号の宇宙飛行士が収集した月の石を展示し、ソ連館はソユーズ4号や他の宇宙船の実物大モデルを展示していた。開催国の日本館の傘下の企業館も、前述の三菱未来館を筆頭にそれぞれの未来像で注目を集めた。とくにサンヨー館、みどり館、タカラ・ビューティリオンはライフスタイルや日常品の未来像を紹介し、サンヨー館では人間洗濯機「ウルトラソニックバス」が好評を博した。一方、日立グループ館、IBM館、電気通信館ではフライトシミュレータや携帯電話などの未来の技術が紹介されていた(34)。

しかし「未来の都市」という大阪万博のパブリックイメージを作り出した最大の要因は、なんといってもずらりと軒を並べた革新的な建築様式であった。丹下の大屋根、アメリカ館の低い膜屋根のエアドーム、ソ連館の鋭く傾斜した屋根、そしてとりわけメタボリズムを提唱していた日本の若手の建築家やデザイナーの貢献が大きく、菊竹清訓の「エキスポタワー」や黒川紀章の東芝IHI館やタカラ・ビューティリオンなども目を引いた。これらの建築物のあいだをモノレールや動く歩道といった未来の交通インフラがくまなく行きかい、榮久庵憲司が設計した「ストリートファニチャー」、モノレール、電気自動車なども寄与した(35)。これは折衷主義的な建築とデザインの形(ゲシュタルト)態であり、日本のマスコミによって「未来の都市」として大々的に宣伝された。

とくに、この万博は「カプセル」建築というメタボリストのテーマの格好の見本市だった。すなわち、組立式のモジュール方式でカプセルが取り外し可能なフレームまたはコアを確立し、建物の使用者のライフサイクルやニーズの変化に応じて形状や設計を進化させていく建築である。これらのフレーム／カプセルで構成されたものとして、中央テーマゾーンで「未来の世界」を披露した空中展示があげられ、国内外のさまざまな建築家が設計したカプセルが、フェスティバルプラザの頭上の丹下のスペースフレームの屋根に「取りつけられ」た。それらのなかには、黒川紀章と神谷宏治の設計による超近代的な組立式キッチン、ベッドルーム、バスルームのカプセルを備えた「住宅カプセル」、槇文彦が設計したネットワーク化都市（情報ネットワークで形が決まる都市）のプラグインモデル、アーキグラム（イギリス）、モシェ・サフディ（カナダ）、ヨナ・フリードマン（パリ）などメタボリズムの対話者である欧米の建築家による都市建築設計の展示も含まれていた[36]。フレーム／カプセルによる建築はさらに会場全体に散在しており、菊竹の「エキスポタワー」では、展望室として使用される球状の多面体カプセルが垂直のスペースフレームのコアに取りつけられていた。また、万博建造物のなかでも群を抜いて洗練されていた黒川のタカラ・ビューティリオンでは、繊細に組み立てられたモジュール方式の拡張可能な管状格子フレームに、角の丸い立方体カプセルが取りつけられ、タカラの美容業界向け製品のショールームとして用いられ、榮久庵憲司と彼のGKデザイン会社による豪華なインテリアが置かれていた[37]（図6・3）。

そのほかにも、メタボリストによる細胞の成長、崩壊、再生の生物学的メタファーが、「カプセル

図6・3 (Copyrights by Shinkenchiku-sha)

の壁」の展示で明示されたが、それはメタボリストのグループによって精選（キュレーション）されたもので、細胞やそのほかの生物形態の写真とともに、「生命のカプセル」としての胎児模型も含まれていた。

一方、カプセルの形態が宇宙船、宇宙ステーション、宇宙服など宇宙時代の定番の「カプセル」を連想させることは、丹下のスペースフレームの大屋根に国際電気通信衛星機構（インテルサット）の通信衛星の模型も取りつけられていたことからも明らかだった。それは「プロジェクター・タワー」の形態についても同様で、円筒形のひさしのついたカプセルの形は宇宙飛行士の宇宙服を連想させ、黒沢のタカラ・ビューティリオンに接する地下ホールの上に飛び出していた。

究極のところ、細分化された形態で、外界から隔離され、既製品または組立式で、「密に」「重ねられる」点において、万博空間のそこかしこに見られた「カプセル」は、最寄りの千里ニュータウンで建設中の単身者や核家族向けの団地の住戸を論理的に拡張したものだったともいえよう。今にして思えば、万博のいたるところで軒を並べていた「カプセル」の形態や、高度に世俗化され緻密に管理された「お祭り」広場は、さながら、極度に細分化された生活空間と、ショッピングセンターや娯楽施設からなる世俗的な「お祭り」空間とに分断された、高度成長期後の都会のライフスタイルの支配形態を予見していたかのようだった。

6・6 「管理された」理想郷と隠された黙示録

万博の展示館が提案する未来像の多くは基本的に理想的で、サンヨーやタカラの展示館は便利で超近代的なライフスタイルを提唱し、電気通信館の展示は科学の進歩を約束するものだった。こうした未来像のなかでもとりわけ従来の理想を貫いていたのが前述の三菱未来館で、その展示内容は、自然の力を掌握し、空、陸、海の各々が人間の「管理」下で平和的に開発されるであろうというものだった。万博会場全体およびシンボルゾーンの設計もまた社会的に管理された場所として未来都市のビジョンを提示しており、空間設計とコンピュータシステムを融合させて人の流れを監視・管理し、緻密に制御された個人同士の交流を推進していた。それはまさに官僚的に管理された「情報化社会」として描かれた未来都市の「サイエンス・フィクション」だった[38]。次章〔原著書籍〕で論じるが、この科学技術による管理というビジョンはたちまち万博の文化批判の的となった。万博会場の企画者や設計者がみずから手がけた展示や言説ですら、技術の進歩、都市計画、技術管理による万博会場や未来の「進歩と調和」[39]という確固たるビジョンに影を落とす、未来の可能性への暗雲を完全に払拭することはできなかった。

たとえば、万博のもっとも象徴的な要素である岡本太郎の太陽の塔は、四つの太陽を含んでいるが、そのうちのひとつの謎めいた黒い太陽はお祭り広場の背後に顔を向けている。ある新聞のインタビューで、岡本は、塔の複数の顔は「世界のあらゆる不調和と矛盾に対する怒りを表現している」と語り、とくに「黒い太陽」は「各国の首相を迎え入れるセレモニー会場ににらみをきかせるだろう」と述べている[40]。槻木野衣やバート・ウィンテル・タマキらの批評家たちは岡本の太陽の塔、とくに「黒い太陽」を「核の脅威」のテーマと結びつけた。このテーマはメキシコで同時製作された壁画「明日の神話」(一九六八―六九年製作)にさらにはっきりと表現されており、「広島・長崎」という副題がつけられ、炎のなかで骨と化す人びとを描き、一九五四年にアメリカの水爆実験で被爆した日本の漁船「第五福竜丸」を表現している[41]。

また、万博のシンボルゾーン内でも、空中展示「未来の世界」のサブプロデューサーを務めた川添登が、「矛盾の壁」の内容を通じて人類の未来が暗黒郷(ディストピア)となりかねないという懸念を示し、核戦争によって「瞬時に破滅」し、環境破壊によって「徐々に崩壊」するの双方の可能性に目を向けさせようとし、さらに写真やフォトモンタージュによって人種差別による「矛盾」やそのほかの社会悪をも訴えようとした[42]。

また、小松左京も、博覧会終了後に発表した「万博から公害へ――未来学の新しい段階へ」という論文のなかで、環境の危機と気候の激変によって近代文明が破滅する可能性があると警鐘を鳴らした。絶え間ない「進歩」は持続可能なものではないのだと。

巨大な産業社会の、莫大なエネルギー消費による気・水圏への「熱と炭酸ガスの蓄積」が、ある所まで行けば、当然大気と海洋の間における「気水の熱バランス」がくずれるだろう。そうなれば、両極の氷がとけ出して大海進が起こるか、あるいは雲がふえすぎて、「人口氷河期」がくるか、――これは別にSFの空想ではないのだ。近い将来――おそらく、思ったよりも近いと思えるのだが――われわれの文明は、資源面よりも「環境バランス」の制限によって、ずっとつつましやかにくらさなくてはならなくなるかも知れない。果たして肥大した「産業文明」が、手いたい破綻を被る前に、「つつましくふるまう」事を身につけるかどうか疑問だが。(43)

しかし、小松が文中で苦々しく指摘しているように、万博の「人類の進歩と調和」について批判し警告する内容は、政府当局者によって厳しく抑制された。その最たる例として、シンボルゾーンのプロデューサーは、広島の犠牲者の死体とケロイドの傷跡の生々しいドキュメンタリー写真を「矛盾の壁」から削除せざるをえなかった。これは核戦争の恐ろしさを説明することを目的としたものだったが、おぞましい写真は控えられ、黙示録的なキノコ雲と都市崩壊のフォトモンタージュに差替えられたのだった。(44)

上記の論説の「不調和」「矛盾」「破壊」といったキーワードが、万博のシンボルゾーンの責任者だった三人に共通する批評の用語として捉えられる点は、興味をそそる。岡本と川添は、万博の理想郷（ユートピア）的な雰囲気の真っただなかで現代社会の「不調和」と「矛盾」を浮き彫りにしようとし、川添と小松は、核のアルマゲドンが偏在する脅威とともに、黙示録的な環境「破壊」の悪夢を提起した。

すなわち、小松が明示した、大気と海洋の「熱バランス」が崩壊したはてに「産業文明」が被る環境災害の悪夢である（第一章〔原著書籍〕で論じた、川添がはやくも一九六一年に「大東京最後の日」の物語で提起したシナリオとも類似している）。これらの発言は「人類の進歩と調和」という万博の公式テーマの表明の裏に潜む共通する批評の意識を浮き彫りにし、万博が芸術家、建築家、作家、学者のネットワークの物理的な出会いの場であったばかりでなく、知的な交流と論争が見られる場でもあったことを示している。

6・7　後奏曲（ポストリュード）——英語圏の報道機関の大阪万博に対する反応

日本の報道機関のおびただしい取材が全国的な「万博フィーバー」と六四〇〇万人の来場者記録に貢献したのもさることながら、大阪万博は国際的に有名な報道機関や建築専門の報道機関からもかなり注目を集めた。英語圏の万博報道のなかでも、コロンビア大学の建築学教授のアーヴィン・ガランタイが「The nation」に寄稿した論文は秀逸であり、万博の建築家が提案した設計ソリューションを、日本が直面している都市計画や環境問題の課題に関連させようとする洞察力に満ちた試みだった。

産業大国のなかで二位に躍り出ようとしている新星日本は、環境の劣悪さや汚染でも世界をリードしかねないと警戒されつつある。観光客がすぐに察知するように、日本の田舎の静けさは失われつつあり、国内生産の増加の影響をもろに受けて都市環境は悪化しているようだ。大阪万博'70

の「進歩と調和」というテーマを評価するうえで、このような背景を見過ごしてはならない。戦後の生産重視は、社会的義務をごまかすことによって加速され、工場や仕事が倍増する一方で、過密、煙害、スモッグ、騒音、汚染は野放しにされてきた[45]。

これに関連して、ガランタイは、大阪のインフラ拡大と都市改革に二・三億ドルが注入されたことに注目している。そして、大阪の汚染危機への対策として、河川流域合同下水道事業の設立、植樹キャンペーン、上流地域から湾岸埋立地への産業プラントの移転、コンピュータによる大気質の監視と規制について言及した[46]。また万博会場そのものが「個人の活力と融合した公の秩序の例であり、あらゆる場所の計画者にとって学ぶべきところがある」と熱弁した[47]。ガランタイは、丹下が緻密に設計した交通インフラを成功例として挙げ「モントリオールが提供したよりも狭い面積で、一日あたり二倍の来場者を受け入れた大阪万博は、心理学者が待ち望んでいた大規模な実験を提供した。すなわち、物理的環境が有意義に構造化されていれば、極端に混雑した状況下でも、実験用マウスが最適な社会的行動を維持できることを証明したカルホーンの実験を、人間で実証したのだ」と主張した[48]。しかし、会場が誇るインフラ計画とガランタイの高評価にもかかわらず、実際には万博の開始時からモノレールや動く歩道での混雑による多数の事故が報告され、休日や夏休みのピーク時に来場者が激増すると、交通渋滞、人の波、展示場や場内輸送機関の長蛇の列が夏の炎天下で急増し、「万国博」のかわりに「残酷博」というあだ名がつけられたのだった[49]。

建築関係の報道のなかでも、イギリスの評論家マーティン・ポーリーのレビューは注目に値し、万博全体の各種情報システムと、ビデオディスプレイ、サウンド、照明のフル活用に焦点をあてている。万博の建物や会場の錚々たる物理的建築にとらわれず、このように物理的環境からメディア環境や情報システムへと焦点を移行することによって、川添は万博の各展示館を「多種のメディアを環境化するための装置」と呼び、磯崎新の「見えない都市」のコンセプトをもじって、お祭り広場の会場を「見えないテーマ館」と称するようになったのだ。[50] ポーリーは、万博の分析で、この物理的環境からメディア環境への移行を取り上げ、「Architecture versus the Movies」という論題をあてはめている。

マルチメディア・ディスプレイ、ロボット実験、および同期感覚刺激の激増は一般的に［……］そのような魔法を収容するために建設された展示館の形や意味に驚くべき効果をもたらした。メディアの発展が現在のレベルに達しているからこそ可能なわけだが、大阪EXPO'70は奇抜な建築デザインが時代遅れであることをあらわにしている［……］これこそ大阪EXPO'70が提示している問題だ。未来の環境が建築の原理ではなく感覚の支配の原理に基づいて創造されるなら［……］その環境設計とそれに付随するソフトウェアは事実上、システムやメディアの関係者、電子機器とコンピュータの専門家、映画のディレクターや編集者、写真家、そして店舗設計者の領域となるのだ。[51]

大衆的な報道機関でも、アメリカ人の旅行記作家のマイラ・ウェルドのようなコメンテーターが、日本万博'70のガイドのなかで、科学技術が万博で絶大な役割を果たしていることを指摘した。

大阪ＥＸＰＯ’70は、アジアを舞台にした初の万国博覧会であり、それまでに開催された世界博覧会とは多くの面で異なっている。地味でオリエンタルだと思ったら大まちがいだ。大阪ＥＸＰＯ’70は他のどの博覧会よりも新世紀への道筋を示している。機械が人間を生活の多くの苦役から解放する世紀へと……。ＥＸＰＯ’70は、機械、コンピュータ、オートメーション、電子機器を生活に密着したものとし興味をかりたてる。誰もが、お祭り広場のステージのロボット制御された高くそびえる照明、効果音、小道具に目を見張り、動く歩道が世界の都市の実用的で快適な設備になりうるとその場で納得し、コンピュータが何万人もの人びとの中から迷子を見つけてくれるものと頼りにすることだろう。[52]

ウェルドの指摘は西洋の期待のターニングポイント、少なくとも高まりを示しており、日本は「地味な」「オリエンタリスト」だという予想はくつがえされ、日本は良しにつけ悪しきにつけ「ハイテク」な未来の世界を体現する「テクノオリエンタリスト」だという熱視線が送られている。アメリカでの万博報道は、世界的な経済技術大国としての日本の台頭について、賞賛と警戒の賛否両論が取り上げられる傾向があった。たとえば、タイム誌の万博報道のひとつ「日本の世紀にむけて」という痛烈な見出しの記事は「日本ほど将来に強いフランチャイズをもつ国はない」と訴えた。[53] それはまさに、次章〔原著書籍〕で取り上げる「サイバーシティ」の想像力の進化とともに、国内外から生み出された「テクノオリエンタリスト」のイメージを標的にしたものだったのだ。

註

(1) 四面のスクリーンに映し出されたカラー映画「一日二四〇時間」。シナリオは安部公房『安部公房全集 二三巻』新潮社、一九九九年、六三―八四頁参照。

(2) 『日本万国博覧会公式記録第1巻』日本万国博覧会協会、一九七一年、四四四―四四五頁。

(3) 小松左京『SF魂』新潮社、二〇〇六年、一一〇頁。万博と同様、小松はこの企画の陰の立役者となった。このシンポジウムは Brian W. Aldiss's autobiography *The Twinkling of an Eye: My Life as an Englishman*, 283-285. でも論じられている。

(4) 「深夜の万国博」の初版は、筒井康隆『母子像』講談社、一九七〇年収録。「人類の大不調和」の初版は筒井康隆『馬は土曜に蒼ざめる』早川書房、一九七二年収録。両作品とも『筒井康隆全集 第九巻』新潮社、一九八三年に収録されている(一六九―一八三頁、一八四―一九一頁)。

(5) 万博に対する反対運動については、Kuro Dalai Jee, "Performance Art and/as Activism", Lockyer "Logic of Spectacle" Nakamori, "Criticism of Expo '70 in Print" 参照。

(6) 「万国博を考える会」の三人の立ち上げメンバーに、ほどなく人類学者の川喜田二郎、フランス文学者・評論家の多田道太郎、経済学者の鎌倉昇が加わった。

(7) これらの記事は後に「地図の思想」「探検の思想」として『小松左京全集 第二十九巻』城西国際大学出版会、二〇〇六年に収録された。

(8) この研究所は、戦後を通じて学際的な研究の拠点となった。一九三九年に設立され、戦後「日本部」「東方部」「西洋部」に分かれ、フランス文学の桑原武夫教授が西洋部の主任に就任した。

(9) この多極的な人文主義に関するイデオロギーの強調とそれを支えた社会的ネットワークを継承する遺産の一例として、万博跡地の万博記念公園敷地内に国立民族学博物館(民博)の設立があげられる。博物館と研究所として現在も運営されている民博は、一九七四年に設立され、黒川紀章が設計した施設で、梅棹忠夫が初代館長に就任した。

(10) 伊藤陽一「情報社会論の誕生と展開――批判に応えて」『情報通信学会誌』二〇〇八年一二月、三―六頁。

梅棹の論文は三か月後に『中央公論』に再掲された。「情報産業論」『中央公論』一九六三年三月号、四五―五八頁。

(11) 小松左京「万国博はもうはじまっている」『小松左京全集完全版 二八巻』城西大学出版、一九六六年、二六一―二七一頁。

(12) この総会の三六人の参加者には「万国博を考える会」の中心メンバーの小松と加藤（梅棹は体調不良で欠席）および招待客として芸術家の岡本太郎（当時はまだ万博のアートプロデューサーの打診はされていなかった）、建築家の吉阪隆正、水谷穎介、建築評論家の浜口隆一、歴史家の萩原延壽、イラストレーターの真鍋博、SF作家の星新一らが含まれていた。小松によると、この総会は広報的な成果はせいぜい五分五分だった。なぜなら建設的な批判を志向する非公式な学問研究会としてのメンバーの立ち位置を報道機関に伝えるのは難しかったからだ。小松左京「ニッポン・七〇年代前夜」二四六頁参照。この論文は小松左京『巨大プロジェクト動く――私の「万博・花博顛末記」』廣済堂出版、一九九四年、一五一―二六一頁に収録されている。小松は注(3)前掲書『SF魂』七五―八五、一〇二―一一四頁でも「万国博を考える会」と万博での経験について論じている。

(13) 前掲『日本万国博覧会公式記録第1巻』六二頁。池田内閣の所得倍増計画については、Hein, Laura E. "Growth versus Success: Japan's Economic Policy in Historical Perspective." In *Postwar Japan as History*, edited by Andrew Gordon, 99–122. Berkeley: University of California Press, 1993. 参照。

(14) 「日本万国博の基本理念とテーマ」前掲『日本万国博覧会公式記録第1巻』五七頁。

(15) 同前。

(16) 万博テーマをめぐる論争は吉見俊哉『万博幻想――戦後政治の呪縛』筑摩書房、二〇〇五年、四五―五三頁でも論じられている。

(17) 小松、注(12)前掲「ニッポン・七〇年代前夜」二六一頁。

(18) 林雄二郎『20年後の日本――豊かな国民生活への一つのビジョン』日本生産性本部、一九六六年。

(19) この学会の議事録は日本未来学会によって編纂された。*Challenges from the Future: Proceedings of the In-*

ternational Future Research Conference. Tokyo: Kodansha, 1970. Colime 4には参加者一覧が掲載されている。一九七〇年の京都の学会に先立ち、第一回国際未来学会が一九六七年にオスロで開催された。"WFSF History," World Futures Studies Federation, accessed March 6, 2011, http://www.wfsf.org/index.php?option=com_content&view=article&id=46&Itemid=60.

(20) Bell, Wendell. *Foundations of Futures Studies: Human Science for a New Era*. New Brunswick, N.J.: Transaction Publishers, 1997. 参照。

(21) アメリカではアルビン・トフラーの *Future Shock*(1970)やダニエル・ベルの *The Coming of Post-Industrial Society: A Venture in Social Forecasting*(1973)が出版されるやいなや未来学は評判になった。日本では一九六〇年末に未来学研究会の活動が報道ブームに火をつけ、アメリカより数年早く同様の評判を呼んだ。日本の未来学研究会の中心メンバーの著作には以下のものがある。梅棹忠夫、加藤秀俊、川添登、小松左京、林雄二郎監修『未来学の提唱』日本生産性本部、一九六七年。小松左京、川添登、川喜多二郎、加藤秀俊監修『シンポジウム未来計画』講談社、一九六七年。小松左京『未来の思想——文明の進化と人類』中央公論新社、一九八〇年。小松左京、黒川紀章『日本タイムトラベル——変貌する地域社会』読売新聞社、一九六九年。Hayashi Yūjirō. "Futures Research in Japan." In *Handbook of Futures Research*, edited by J. Fowles, 31-38. Westport, Conn.: Greenwood, 1978. も参照。

(22) 川添登「万国博のビジョン」『川添登評論集二巻』産業能率短期大学出版、一九七六年、二〇一頁。初出は『読売新聞』一九六七年一一月一四日付夕刊。

(23) 西山夘三「万国博会場計画——調査から企画へ」『建築雑誌』一九七〇年三月号、一九三—一九九、一九七頁。

(24) 西山、前掲書、一九七—一九八頁。笠原一人によると、用地計画の草案一・二は西山が担当し、草案三・四は丹下が担当した。笠原一人「お祭り広場の誕生」中和田ミナミ『EXPO'70 驚愕！大阪万国博覧会のすべて』ダイヤモンド社、二〇〇五年、四八—四九頁。西山の計画の詳細については、吉見俊哉『博覧会の政治学——まなざしの近代』中央公論社、一九九二年、二三五頁参照。

(25) 大阪博覧会の会場設計における西山の「都市のコア」の概念の詳細については、Urushima, Andrea Yuri Flores. "Genesis and Culmination of Uzō Nishiyama's Proposal of a 'Model Core of a Future City' for the Expo '70 Site (1960–73)." *Planning Perspectives* 22, no. 4 (2007): 391–416, http://dx.doi.org/10.1080/02665430701553399 参照。

(26) Cho, Hyunjung. "Expo '70: The Model City of an Information Society." In "Expo '70 and Japanese Art: Dissonant Voices." Special issue. *Review of Japanese Culture and Society* 23 (December 2011): 57–71.

(27) 「日本万国博覧会のもたらすもの　対談：丹下健三・川添登」『新建築』一九七〇年五月号、一四五―一五一、一四七頁参照。

(28) 丹下健三「万国博会場計画――企画から計画へ」『建築雑誌』一九七〇年三月号、二〇一―二〇六、二〇三頁参照。

(29) 吉見、注(24)前掲書、五八頁より引用。

(30) 曼荼羅模様はテーマ館の時空間のレイアウトの説明によく用いられた。前掲『日本万国博覧会公式記録第1巻』四七六頁参照。

(31) この展示の壮大な時間スケールは、小松がテーマ館のサブプロデューサーの仕事に着手する前年に出版されたSFの傑作『果てしなき流れの果に』早川書房、一九六六年を連想させる。

(32) 万博のメディア環境については以下を参照。川添登「万国博の建築」丹下健三・岡本太郎監修『日本万国博――建築・造形』恒文社、一九七一年、二〇九―二一二頁。川添登「万国博は感覚の革命」『川添登評論集二巻』二〇三―二〇七頁（初出『読売新聞』一九六九年二月二八日付夕刊）。Pawley, Martin. "Architecture versus the Movies, or Form versus Content." *Architectural Design* 40, no. 482 (June 1970): 288–309. Furuhata, Yuriko. "Multimedia Environments and Security Operations: Expo '70 as a Laboratory of Governance." *Grey Room* 54 (Winter 2014): 56–79.

(33) 世界博覧会や万博のイデオロギーを扱った書籍は多々ある。たとえばGreenhalgh, Paul. *Fair World: A History of Worlds Fairs and Exhibitions; From London to Shanghai, 1851–2010*. Winterbourne, U.K.: Papa-

dakis, 2011. Roche, Maurice. *Mega-events and Modernity: Olympics and Expos in the Growth of Global Culture*. New York: Routledge, 2000. Rydell, Robert W. *World of Fairs: The Century-of-Progress Exhibitions*. Chicago: University of Chicago Press, 1993.

（34）日立グループ館はフライトシミュレーター、ＩＢＭ館は月面着陸シミュレーターを展示していた。ＮＴＴが開発した携帯電話は、現在はいたるところで使われているこの技術の初の実証例だった。

（35）榮久庵の「ストリートファニチャー」には街灯、ＰＡシステム、時計、郵便ポスト、電話ボックス、標識などが含まれ、榮久庵のＧＫデザイン会社の監修によりデザインが美しく統一されていた。Koolhaus, Rem, and Hans Ulrich Obrist. *Project Japan: Metabolism Talks*. Cologne, Germany: Taschen, 2011: 488-89.

（36）そのほかにもハンス・ホライン（オーストラリア）、アレクセイ・グトノフ（ソビエト連邦）、ジャンカルロ・デ・カルロ（イタリア）、クリストファー・アレグザンダー（イギリス／アメリカ）らが「スペースフレーム」の展示に海外から参画した。

（37）タカラ・ビューティリオンはユニットの組立式だったので、わずか七日で完成した。また、粟津潔がグラフィックデザイン面から、一柳慧がサウンドデザイン面からビューティリオンに技術協力した。

（38）万博が「管理された社会」の前触れとして捉えられる点については、船越幹央「日本万国博覧会」、大阪市立博物館編『万博開封――タイムカプセルＥＸＰＯ'70と大阪万博』大阪市立博物館、二〇〇〇年、一二―一五頁、一五頁参照。

（39）椹木野衣は研究書『戦争と万博』美術出版社、二〇〇五年、三四―三五頁で、万博に対する黙示録的な潜在について論じ、川添、小松、浅田孝を「一種の終末論的連合」として意見をともにしていると述べた。

（40）Winther-Tamaki, Bert. "To Put on a Big Face: The Globalist Stance of Okamoto Tarō's Tower of the Sun for the World Japan Exhibition.": 96. "Expo '70 and Japanese Art: Dissonant Voices," special issue. *Review of Japanese Culture and Society* 23 (December 2011): 81-101. 参照。

（41）Winther-Tamaki, 91-98. 椹木野衣『黒い太陽と赤いカニ――岡本太郎の日本』中央公論新社、二〇〇三年、二三七―二四八頁参照。

(42) グラフィック・デザイナーの木村恒久がフォトモンタージュをコーディネイトした。木村のアシスタントを務めた写真家の玉井瑞夫が引用した企画書の文書によると、モンタージュは「人類の存続」を「徐々に」あるいは「瞬時」に脅かす可能性を示すために作成され、それは「万博に欠くことのできない」「世界共通の関心事」を問題提起していた。玉井瑞夫「ポスタリゼーションによる大阪万博・テーマ館の空中展示」「玉井瑞夫インターネット写真館」Part. 36. http://www2.dokidoki.ne.jp/bellrose/museum/part36/part36.html「矛盾の壁」のフォトモンタージュのイメージは万博の公式ドキュメンタリー映画「公式長編記録映画 日本万国博」三二分―三三分〇二秒で見ることができる。

(43) 小松左京「万博から公害へ――未来学の新しい段階へ」『自由』一九七〇年一二月、四二―五一頁、五〇頁。

(44) この問題の報道については「広島の訴え消えそう」『中国新聞』一九七〇年二月六日付朝刊。「原爆展示薄めたまま」『中国新聞』一九七〇年三月一四日付朝刊。「影が薄い『原爆』展示」『朝日新聞』一九七〇年三月一四日付夕刊。

(45) Galantay, Ervin. "Osaka Expo: Designing the Environment." *The Nation*, August 31, 1970. 134.

(46) Galantay, 135.

(47) Galantay, 136.

(48) Galantay, 134. ガランタイが言及しているのは、動物行動学者のジョン・B・カルホーンの実験で、齧歯類の環境が極端に過密化すると複数の行動上の問題が生じることから、人間の人口過多にまつわる懸念の一般的なアナロジーとされた。John B. Calhoun, "Population Density and Social Pathology," *Scientific American* 206, no. 3 (February 1, 1962): 139-48; and Ramsden, Edmund, and Jon Adams. "Escaping the Laboratory: The Rodent Experiments of John B. Calhoun and Their Cultural Influence." *Journal of Social History* 42, no. 3 (Spring 2009): 761-97. 参照。

(49) 万博の事故報道については「動く歩道で将棋倒し 団体の三〇人重軽傷」『朝日新聞』一九七〇年三月二六日付夕刊。「残酷博」については「パンクした〝残酷博〟会場へテクテク大行進」『朝日新聞』一九七〇年九月七日付朝刊。

（50）川添、注(32)前掲書「万国博の建築」二一一、二一〇頁。

（51）Pawley, "Architecture versus the Movies, or Form versus Content.": 289, 292. ポーリーは建築と情報時代のテーマを、キャリアを通じて書きつづけた。たとえばPawley, Martin. *Theory and Design in the Second Machine Age*. Cambridge, Mass.: Blackwell, 1990.

（52）Waldo, Myra. *Japan Expo '70 Guide*. New York: Collier Books, 1970.

（53）"Toward the Japanese Century," *Time*, March 2, 1970, 20.

付録1　シンポジウム2022

科研費基盤（B）プロジェクト「万国博覧会に見る『日本』――芸術・メディアの視点による国際比較」
関連シンポジウム、二〇二二年一二月一七日、オンライン開催

挨拶

暮沢剛巳：こんにちは、本日はご多忙の折、われわれのシンポジウムにお越しいただきありがとうございます。わたしども、本日の司会進行を務めます東京工科大学の暮沢剛巳と申します。どうぞよろしくお願いいたします。まずこのシンポジウムの概要についてお話ししたいと思います。

タイトルにも掲げておりますように、このシンポジウムは科研費基盤（B）プロジェクト「万国博覧会に見る『日本』――芸術・メディアの視点による国際比較」の関連企画として開催されるものです。このプロジェクトは、二〇一八年四月にわたし（暮沢）を研究代表者として、総計五名にてスタートいたしました。研究分担者として参加いただいているのは、本日の発表順に、立命館大学の飯田豊先生、東海大学の加島卓先生、京都精華大学の鯖江秀樹先生、筑波大学の江藤光紀先生の四名です。四年計画のプロジェクトだったので、本来であれば今春に終了する予定だったのですが、二〇二〇年以降のコロナ禍で計画に大きな狂いが生じ、一年間の延期を余儀なくされました。なかでも、当初メンバーによるドバイ万博視察を予定していた

んですが、万博の開催が一年遅れになってしまったうえ、その一年後に開催された際にも結局誰ひとりとして現地に行けなかったのは大きな誤算でした。そうした不測の事態もありましたが、昨年末には中間報告書を作成するなど、どうにか各自がそれぞれ研究を継続してきました。プロジェクトの締めくくりであるこのシンポジウムも、当初は昨年度末にどこかの会場を借りて観客を入れて開催する予定だったのですが、昨今の情勢を鑑みて、一年遅れの今の時期にオンラインでの開催となった次第です。

それで今日のシンポジウムですが、企画について意見交換している際に、せっかくタイトルで「国際比較」と銘打っているのだから、ぜひとも海外の研究者にも参加してもらいたいという話になり、おふたりのゲストをお招きしました。ひとりはザラ・トイラー先生と申しまして、ミュンヘンのハウス・デア・クンストという美術館にお勤めのキュレーターです。ペプシ館パビリオンを覆った中谷芙二子の「霧の彫刻」といえば一九七〇年の大阪万博でも大きな注目を集めたプロジェクトの一つですが、トイラー先生は今年（二〇二二年）になって中谷芙二子の展覧会をキュレーションされたばかりなので、是非それに基づいてお話ししていただきたいとお願いいたしました。彼女のプレゼンは今から二か月ほど前に収録済みなので、本日はそのビデオをオンデマンド形式で配信したいと思います。

もうひとりは、ウィリアム・O・ガードナー先生と申しまして、アメリカのスワースモア大学の日本語・日本文化講座の教授です。ガードナー先生には *The Metabolist Imagination* という著書があるのですが、わたしは昨年この本を大変面白く拝読して、本人の許諾を得て、大阪万博について論じた章を翻訳して、中間報告書に掲載させていただきました。本日はそのダイジェストの報告をしていただく予定です。ガードナー先生のお住いのフィラデルフィアは東京とは一四時間の時差があるのですが、ご本人のたっての希望もあり、リアルタイムでプレゼンしていただくことになりました。本日のシンポジウムは二部構成ですが、ガードナー先生には第二部の最初から入室していただく予定で、また体調が許せば最後のシンポジウムにも参加されるとのことです。

なお海外の研究者が参加されるとなると、当然言語の問題が発生します。同時通訳を用意できればいいのですが、残念ながら予算やツールの関係でそれは難しかったため、以下のように対応することにいたしました。まずトイラー先生ですが、彼女はドイツ人なので当然母語はドイツ語なんですが、今回は無理を言って英語で発表していただきました。今回はこちらでその英語の翻訳を用意しましたので、彼女の発表の順番になったらその翻訳のファイルをチャット欄にアップロードいたします。みなさまはそれをダウンロードして、その翻訳に目を通しつつ発表をお聴きください。

一方ガードナー先生はいわゆるジャパノロジスト、日本研究の専門家ということもあって、大変流暢な日本語をお話しになられます。われわれも今回はそれに甘えて、日本語での発表をお願いしました。手順としては、先生に発表用の原稿を英語で執筆していただき、その翻訳をこちらで用意し、ご本人に確認してもらったうえでそれを読み上げていただくかたちを取ります。また最後のシンポジウムには日本語で対応していただきます。今回のこのような対応は、翻訳者のご協力があってはじめて可能なことでした。本日全員にいらしていただいておりますが、おふたりの発表原稿を翻訳していただいた古森科子さんと岡田ウェンディさん、また昨年中間報告書にガードナーさんの著書の抄訳を掲載したことをお話ししましたが、その翻訳を行ってくれた北村礼子さんにこの場にて感謝したいと思います。

それでは、挨拶はここまでとして、シンポジウムを開会したいと思います。

シンポジウム

暮沢：ビデオ発表であったトイラー先生の分も含めて、これで予定されていた七名の発表がすべて終了したので、これからシンポジウムに移行したいと思います。それで、みなさんお聴きになっておわかりだと思いますが、個々の関心やテーマが非常に多岐にわたっていて、全員に共通するテーマを設定することはほぼ不可能です。それで、せっかくの機会ですから、時差や体調の問題があるなかで参加していただいたガードナー先生の発表を軸に進めていきたいと思います。具体的には、各自、ガードナー先生の発表を聞いてどのように思われたのかをコメントし、それに対してガードナー先生にレスポンスしていただくかたちで進めていきます。なお、ガードナー先生は第二部からの参加のため、第一部で行われた私と飯田先生、加島先生の発表は残念ながら聞いておりません。そこでおふたりには、自分はこういう発表をしたんだけど、それとの関連で先生の発表を聞いてこう思ったといったかたちでのコメントをお願いしたく思います。各自ご用意した英語のドラフトなどもご活用ください。

ではまずわたしから口火を切らせていただきます。ガードナー先生、今日はどうもありがとうございました。先生はもともと日本文学や日本文化がご専門なので、小松左京への関心から大阪万博にアプローチされたのかと理解いたしました。先生の本を読んだとき、文学や文化の専門家が建築についてこれだけ深く掘り下げた論考を書いたことに素直に驚き、感動いたしました。メタボリズムというのは未来志向の建築・デザイン運動ですよね。それが万博というイベントを舞台に展開されたことはある意味当然でもあった。ただそこには別の問題もあって、メタボリズムというのは東京を中心に展開された運動だけど、万博の舞台であった関西地方では小松もかかわっていた「万国博を考える会」という別の組織があって、彼らとメタボリズムの未来志向には、共通点と同じく対立する部分もあったのではないか。ちょうどその図式が万博の構図にも反映されていて、たとえば万博の会場計画は京大の西山夘三と東大の丹下健三が並び立つはずだったのが、蓋を開けてみれば事実上丹下のものになってしまった。先ほど鯖江先生が上田篤について発表されていましたが、上田にはそのことに対する秘かな反感があったようにも思いました。またわたしは大阪万博における原子力の問題について発表したのですが、それとの関連でいうと、「太陽の塔」の背後の黒い太陽についてのお話が興味深かったです。先生が指摘されるように、椹木野衣さんはあの黒い太陽に原子力のメタファーを見ています。それはわたしもまったく同感なんですが、ただわたしの場合彼とは推論のプロセスが違っていて、たとえば、現在東京都美術館で開催されている岡本太郎展には「黒い太陽」という戦後間もない頃の絵画作品が展示されていますが、万博には当時の想像力が継承されているんじゃないかとか考えました。また『黒い太陽』というのは彼の著書のタイトルでもあります。さらに言えば、岡本は単純な反核論者ではなくて、原子力平和利用推進派としての一面もあり、「明日の神話」などいくつかの事例を挙げて原子力に対してはかなり両義的な立場であることにも触れました。では発表順で、次に飯田先生お願いします。

飯田豊：立命館大学の飯田です。ガードナー先生、今日はどうもありがとうございます。先生のお話に出てきた「万国博を考える会」のメンバーで、加藤秀俊さんが今でも唯一ご健在ですが（二〇二三年九月二〇日に死去）、加藤さんに聞き取りを行ったときのことを鮮明に思い出しました。加藤さんは謙遜して「ときには万博のことそっちのけで盛り上がったりして、いい加減な集まりだったよ」などとおっしゃるんですが、個人的な関心として、メディア理論や情報社会論と未来学の関係について当時どのようにお考えだったのか聞いてみたところ、「それはほとんど意識していなかった」とおっしゃっていたのに驚きました。当時は加藤さんのほか、川添登さんなども未来学について精力的に発言されていましたが、未来学研究会のなかで理念が明確に共有されていたというよりも、個々の発言の蓄積として、その方向性がゆるやかに形成されていったように感じられます。あと加藤さんに対する聞き取りで非常に印象に残ったのが、未来学研究会は「未来はすでに始まっている」というロベルト・ユンクの終末思想の非常に強い影響下にあったという話です。にもかかわらず、万博が終わるまでそうしたネガティブな側面はほとんど表に出ず、バラ色の未来のイメージばかりが振りまかれたのは、新聞などのマスコミのせいだとおっしゃっていました。ユンクは広島、つまり原爆と非常に深いかかわりがある人なので、今日のガードナー先生のお話をうかがっていて、その思想が、岡本太郎や川添登や小松左京が描いたディストピアとも通じているのではないかと思いました。未来学は核の脅威と非常に強く結びついていることをあらためて実感して、今日は非常に勉強になりました。ありがとうございました。

暮沢：次に加島先生お願いします。

加島卓：東海大学の加島です。今日はどうもありがとうございます。ガードナー先生のお話をうかがっていて、大阪万博を知識人たちの論争の場として位置づけていたことが強く印象に残りました。それに対して、二〇二五年大阪・関西万博についていうと、論争の場というよりはシステムとしてのアウトソーシングの場になっているのではないかという気がします。論争の場ではクリティークが非常に重要な役割を果たすわけですが、システムとしてのアウトソーシングの場としての万博においては、はたしてクリティークがどのような役割を果たすのか、ガードナー先生の意見をうかがいたいと思います。

暮沢：次に鯖江先生お願いします。

鯖江秀樹：京都精華大学の鯖江です。よろしくお願いします。本日わたしは西山夘三と上田篤について発表いたしましたが、わたしが両者に関して調べようと思ったきっかけが、実はガードナー先生の論文を読んだことなんですね。中間報告書に載っている該当箇所でいうと、「『お祭り』の理念は西山が最初に提案し、丹下と岡本が推進したが、三者三様に違った意味で捉えていた」というところです。この後丹下と岡本については言及がありますが、西山に関してはなかったため、西山にとってのお祭り広場は何だったんだろうと気になりだしたわけです。そういう意味では、この論文からは非常に大きなヒントをいただきました。ありがとうございました。それでわたしからみなさんに質問することがあるとしたら、とくに加島先生にかかわるのかと思いますが、もはや造形や形だけではデザインは成立しえないというお話がありました。これは今美大で教えている自分には非常によくわかることで、人間のモノを見る力が相対的に落ちているというか、解像度が非常に下がっている現実があります。教室でモノを見る力を向上させなさいと学生に指導しても、ほぼ効果がない。またみなさんに聞いてみたいことなんですが、人間関係などを軸に事実を押さえていくと、どうしてもモノや形をしっかりと見なくなってしまいます。それじゃいけないと思って、わたしは今回精華大学の形に注目してみたんですが、それぞれ違う分野を研究されているみなさんがどう思うかも聞いてみたいところです。

暮沢：最後に江藤先生お願いします。

江藤光紀：筑波大学の江藤です。ガードナー先生の発表は大変興味深く拝聴いたしました。鯖江先生の話に寄せて言うと、わたしの先ほどの発表も泉眞也というプロデューサーの人間関係に注目したものだったわけですが、一九七〇年の大阪万博が一種の未来を体現する都市を出現させる試みだったとすれば、その人間関係の中心に位置していたのはやはりメタボリズムの人たちだったと思いますし、また小松左京も大きな役割を果たしたと思います。わたしの関心もガードナー先生の関心に近いところにあるのでお話は大変興味深かったですが、その一方で大阪万博にはいわゆる「政治の季節」、一九七〇年の安保改定をめぐる闘争に代表される当時の時代背景からも大きな影響を受けていた。その後一九七〇年代から一九八〇年代にかけて万博はより市民に近いものへと変質していくわけで、それは飯田先生や加島先生のテーマともかかわってくるかと思いますが、そこに市民にとっての未来のイメージが形成されていくなかでもっとも大きな影響を与えたものが何かというと、やはりサブカルチャーであったと思います。たとえば一九八五年につくば科学博が開催されますが、この科学博で上映された多くの宇宙映像には「宇宙戦艦ヤマト」や「機動戦士ガンダム」などの影響が強く表れていました。そこに表現されていた宇宙は、科学というよりはイメージに近いものだった。一方でこの科学博は、一九八三年に開園した東京ディズニーランドの流れに位置するテーマパーク的な側面もある。その根底にあるのが大阪万博におけるメタボリズム的な未来都市であり、それは同時代のアーキグラムなどにも共有されていた一方で、「ブレードランナー」に象徴されるディストピアにも変質したのかもしれないと考えたりして、すごく刺激的でした。

暮沢：ありがとうございます。これで五人のメンバーのコメントが揃いましたが、それぞれ自分の関心に寄せているうえに情報量が多くて収拾がつかない状態です。誰のどのコメントに対してでもかまわないので、ガードナー先生にレスポンスしていただければと思います。

ウィリアム・O・ガードナー：先生方どうもありがとうございます。いずれも興味深い発表で、大変勉強になりました。まず暮沢先生のご質問に対してですが、おっしゃるとおりわたしの本来の専門は文学で、戦前のモダニズム文学と都市というテーマを中心に研究していたんですが、戦後の文学にも興味があって、それで戦後のSF文学を調べ始めて、小松左京のことを知りました。それで調べてみると、小松左京が大阪万博に深くかかわっていたことがわかった。また偶然なんですが、アメリカの本屋で大阪万博の写真集を見つけたことがあります。わたしは当時一歳だったので直接見たわけではないのですが、それに載っていた未来都市や衣装や乗り物などのデザインが大変興味深かった。ただわたしは美術史が専門ではないので、今お話ししたように小松左京への興味から大阪万博について調べ始めたんです。また飯田先生のお話では、加藤秀俊さんのお話が大変参考になりました。ありがとうございます。加島先生は一九七〇年万博を二〇二五年万博につなげる視点からお話しされていましたが、残念ですが今は二〇二五年万博について発言することはできません。一九七〇年の万博に対してもいろいろな批判がありましたがなかでも思い出されるのが一九七〇年万博におけるハンパク（反博）のことですね。その鋭い批判を忘れてはならないと思います。わたしはこの本を書いたとき、情報化社会やサイバーシティのモジュールなどの問題について、そこに見られた批判的な問題意識を何とかポジティヴにとらえようと努力しました。一般にはあまり知られていませんが、一九七〇年万博ではテーマ委員会によるさまざまな議論があって、たとえば空中テーマ館で川添登さんが提案した

「矛盾の壁」は、そうした批判的な意識を展示として実現しましたが、官僚、国の上から厳しく監視されて表現をかなりやわらげたように感じます。生前の川添登さんにお目にかかる機会があったとき、このことをお尋ねしたとき、「矛盾の壁」について報じた広島の新聞記事を見せていただいたんですが、川添さんは今でもいらだちを隠せないような様子でした。こうした組織の内部からの批判は一九七〇年の大阪万博の時点でもあったことなんですが、それはあまり明快になってなかったように思います。二〇二五年万博に関しても、そうした組織内部の批判的な意見がもっと表に出てきてほしいと思いますが、組織の体制とか詳しいことがわかりませんので発言は控えたいと思います。

加島：ちょっとよろしいでしょうか。今のお話をうかがっていて、ガードナー先生の発表を聞いていて、調和の背景に不調和があるという言葉が印象に残りました。これはまったくそのとおりで、大阪万博はイデオロギーの衝突の場だった。だからこそ批判することに意義がある、万博を批判することは資本主義を批判することでもあったと思います。われわれは当時も今も資本主義の世の中を生きているけど、一九七〇年の時点では資本主義以外の社会が存在したから、そういう観点から資本主義の万博を批判することが可能だった。ところが、東西冷戦が終結した一九九〇年代以降、そうした別の世界が消滅して、われわれは資本主義のなかから出られなくなってしまい、どのように批判していいのかわからなくなってしまった。われわれはさまざまな資本主義の社会を生きていて、そうした社会を動かすために万博という装置を使っているように見えるが、それを外部から批判する視線をもちえていない。ガードナー先生が二〇二五年万博に関してはよくわからないから批判は控えるとおっしゃったことの背景には、われわれが資本主義の外に出られなくなり、資本主義を批判する視点をもちえていないこともあるのではないかと思いました。

暮沢：ありがとうございます。ではわたしからもコメントさせてください。先ほど空中テーマ館の「矛盾の壁」についてお話しされていましたが、実はわたしの発表でも「矛盾の壁」について触れていて、川添登のプランとあわせて、あの作品を制作した木村恒久という当時第一線のデザイナーの作品がさまざまな横やりで変更させられた経緯を、岡本太郎の「黒い太陽」と結びつけて議論いたしました。鯖江先生と江藤先生についてもコメントお願いいします。

ガードナー：江藤先生ありがとうございます。発表興味深くうかがいました。ご指摘のあったサブカルチャーの影響はまったくそのとおりで、大阪万博に足を運んだ多くの若い世代の想像力が、その後さまざまなサブカルチャーへと流れこみ、マンガやアニメへと発展していったように思います。また今の話で、英語で読んだんですが、黒川紀章さんがあるインタビューで「万博のパビリオンはメディア化する社会へのならしのようなもの」という意味の回答をなさっていたのを思い出しました。大阪万博では多くのパビリオンでマルチスクリーンによる映像展示が行われていたから、当時の観客はそこではじめてインテンシブなメディア化社会を体験し、それがその後の社会の流れにも影響を与えたかもしれません。少し大雑把な言い方なんですが、それがその後の社会に大きな影響を与えたようにも思います。

江藤：ありがとうございます。先ほど加島先生の方から、二〇二五年万博について考えるとき、今の万博は資本主義の外に出られない、対立軸が見出せないというお話がありましたが、わたしの意見では、日本の万博・地方博は二〇〇五年の愛知万博の頃がターニングポイントで、それ以前と以後で視点が変わってしまい、何をやったらいいのかわからなくなってしまっている気がします。その点で示唆的なのが、平野暁臣さんが三年ほど前に出版した『万博入門』で提起されていた「万博三・〇」という考え方ですね。これによると、「万博一・〇」はモノを集めて見せていた初期の万博、次の「万博二・〇」はそれをより洗練させて観客に体験を提供する成長期の万博ですが、現在はそれに続く「万博三・〇」を見出せずにいるのではないか、と。そう考えると、一九七〇年の大阪万博はサブカルチャー的な未来都市のイメージを供給するものだったわけですが、この間、サブカルチャー的なエンターテインメントの方が万博を超えてしまっていて、今やわれわれは万博に行かなくても、コミケに行ったりコスプレをしたりして楽しんだりできるし、テーマパークに行ってもっと刺激的な体験もできる。これは平野さんのおっしゃっていたことに同感なんですが、そもそもなぜ家族で万博に出かけて、高い金払ってSDGsのお説教を聞きにいかないといけないのかということにもなるわけですよね。二〇二五年万博の意義というか難しさは、そういうところにもあるように思いました。

暮沢：ありがとうございます。今の江藤先生の話ですが、「万博一・〇」がモノを見せるショーウィンドウ型の万博、「万博二・〇」がいろいろなアトラクションやマルチスクリーンなどを体験するエンターテインメント型の万博だとすると、それに続く「万博三・〇」は現在博覧会協会（BIE）が推進しているような課題解決型の万博、たった今話題に出たSDGsなどをテーマに掲げた万博ということになりますよね。それが最適解かどうかはともかく、現時点ではそれ以外の解答はない気がします。あと一九八〇年代の日本は空前の万博・地方博の時代だったという話を聞いて、海外とは大きなズレがあるなと思いました。というのも、一九七〇年の大阪万博の後に開催された第一種の一般博（登録博）は一九九二年のセビリア万博で、そこには二〇年以上もの空白がある。なんでこんな長期間の空白が生じたかというと、開催の大義名分が見つからなかったからですよね。そのことをふまえて、当時欧米諸国ではさかんに「万博の時代は終わった」と言われていて、日本にもそういう言説が流入していたはずなんですが、国内の現実は全然違っていた。この大きなズレについて考えると、先ほど加島先生がおっしゃっていた資本主義の問題が見えてくる気がします。また今日は飯田先生とトイラー先生がどちらもビデオアートについてお話しされていましたが、当時最先端のビデオアートが示したヴィジョンと、先ほどの話に出てきた小松左京らの未来学研究会が抱いていたヴィジョンは、共通点もあるけどどこか違っていた部分もあったのではないでしょうか。飯田先生、いかがでしょうか？

飯田：急に話を振られたのですぐには答えられませんが（笑）、加島先生のおっしゃっていた、外部が想定されていたかつての万博ということに関して、大阪万博の「外部」としては、磯崎新も言及していたように、「コミューン」という概念がその受け皿になっていたように思います。あとビデオアートに関しては、当時、『ゲリラ・テレビジョン』に代表されるビデオ・コミュニケーション運動のような試みとも結びついていて、コミューンの形成を目指すヒッピー文化との連続性が認められるわけですが、そこには今日のメディア理論やメディア・リテラシーの考え方につながる部分もありました。でもこの運動が成功だったかというおそらくそうは言えなくて、なぜかというと、そうした試みはビデオじゃなくてもできるものだったからなんですね。したがって、現代の研究者やメディアアーティストが、『ゲリラ・テレビジョン』の運動や中谷さんのCATVとのかかわりや『ゲリラ・テレビジョン』をどのように再評価できるかというと、一九七〇年代においては画期的だったけれど、そのまま現在に活かすことができるかというと難しいでしょう。それは先ほど話題になった、資本主義の外部を想定できるかという話とも通底します。このあたりの議論は万博とは直接関係ないけれども、メディア環境の変化と万博のありようは地続きの関係なので、今後の研究で深堀りしていければと考えています。

加島：すみません。先ほど「万博三・〇」は課題解決型の万博しかないのではという話が出ましたが、ではその課題を誰が特定するのか、ということが問題になるのではないでしょうか。何かを見せる「万博一・〇」の場合であれば、何を見せるか決めるのは知識人の役割ということでよかったのかと思います。しかし課題解決型の「万博三・〇」の場合は、その課題の特定に市民参加とかそういう要素が入ってくる。観客動員とかポピュラリティといった観点から考えると、それを一部の知識人に委ねるのは苦しい。そもそも今は知識人自身、責任をとってくれるわけでもない代替可能な存在にすぎないし、かわりのいないスーパー知識人が存在しない。そうなってくると、より政権に近い人たちによってより多く観客を呼べそうな課題が選ばれる可能性が高くなってしまう。多様性を肯定して「みんなのための万博」というのは簡単だけど、そもそも「みんな」とは誰なのかを考えると、万博とポピュリズムが結びついてしまう可能性を否定できなくなってしまうと思います。

暮沢：今のお話をうかがっていて、一九七〇年の大阪万博はまさに知識人による万博だったのかなと思いました。すでに話題にしたように、大阪万博には「万国博を考える会」とかメタボリズムのメンバーがかかわっていましたが、彼らはみな当時の日本で第一線の知識人であり、その彼らが立場や専門領域の違いを超えてさまざまな議論を戦わせた結果あのような万博が成立し、それがまた当時史上最高の六〇〇〇万人以上の観客を動員するエンターテインメントとしても成り立っていた。それはある意味幸福な出来事だったわけですが、二一世紀の現在、同じことを再現しようとしても、当時とは時代背景も異なるし、まず不可能でしょう。そこでガードナー先生にお尋ねしたいんですが、先生の本にはメタボリズムや「万国博を考える会」のメンバーなど、大阪万博のさまざまなキープレーヤーが登場するわけですが、彼らがそれぞれどのような役割を果たしたのかを見ていると、それは一種の知識人論としての性格ももっているように思います。その点についてはいかがでしょうか。

ガードナー：ありがとうございます。おっしゃるとおり、大阪万博にはさまざまな知識人がかかわっていました。わたしが万博を研究対象として面白いと思ったのは、さまざまな知識人が立場や専門領域の違いを超えて協力してひとつのものを作り上げていくプロセスに惹かれたからでもあります。その意味では、鯖江先生が挙げていた東京の丹下健三と京都の西山夘三や上田篤の対比もそのひとつですよね。そういう意味では、わたしの大阪万博研究は一種のネットワーク研究というか、インテレクチュアルヒストリー（知識人史）と呼べるかもしれません。ただ一方で、たとえば東宝（円谷英二）が映像を制作した三菱未来館や、手塚治虫がキャラクターをデザインしたフジパン・ロボット館の展示には民族的な要素や、一九七〇年代から一九八〇年代のサブカルチャーに貢献したエンターテインメント的な要素もあるのですが、わたしの本ではそのようなポピュラーな部分には重きを置かなかったので十分に取り入れることができませんでした。その点は後悔と言えば後悔かもしれません。これで質問にお答えしたことになるでしょうか。

暮沢：ありがとうございます。謙遜されておられますが、やはり先生のこの本は素晴らしいお仕事だと思いますし、だからこそ抄訳というかたちで紹介させていただきました。われわれの力ではそれが精一杯なのでここでお約束はできませんが、近い将来全訳が実現すればいいなと思います。またフジパン館の話が出てきましたが、以前報告書でフジパン館について論じた鯖江さんにもコメントお願いいたします。

鯖江：あの論文を書いた後で、フジパン館がその後どうなったのかとか、熊谷組がかかわっていたこととか、新たにわかったことが少しあります。ただ現時点で研究成果として出せるほどではないので、またの機会を待ちたいと思います。それで、二〇二五年万博について、自分の発表のタイトルには「あともう少し」と書いたんですが、加島先生がおっしゃられたことと重なるけど、評価基準はおそらくお金と観客動員数のままですよね。それをこのまま研究していくことはかなり難しいのではないかと感じております。その一方で、京都大学では今度万博学（Expology）なる研究会が立ち上がった。状況が以前から何も変わっていないのに、万博をもう一度やろうとしていることに、一研究者として強い危機感を感じている次第です。

暮沢：ありがとうございます。あと残り時間が一〇分くらいでしょうか。ここで会場から質問をお受けしたいと思います。今回はZOOMをウェビナーではなく、ほかにどなたが参加しているかわかる状態で設定しておりますので、チャットではなく、マイクでお願いしたいと思います。質問のある方は、リアクション機能を用いて挙手していただければこちらから指名いたしますので、カメラをオンにしてお名前とお立場を名乗ってご質問ください。

早川優：フリーランスで映画・音楽関連のライターをやっている早川と申します。今日は皆さんから大変刺激的なお話をいただきました。ありがとうございます。一点、暮沢先生のお話に出てまいりました『宇宙人東京に現わる』（島耕二監督、一九五六年、大映）についてですが、あの映画は、核兵器開発を警告するために地球を訪れた友好的な宇宙人（パイラ人）が、地球に巨大な天体との衝突の危機が迫っていることをも教えるという物語です。全世界の核兵器を発射して天体を破壊しようとしますが失敗、日本人科学者の理論を一時に限ってパイラ人が具現化した兵器によって地球の危機は去り、なおかつ地球の非核化が実現することになります。暮沢先生は岡本太郎が反核と原子力平和利用推進派と両方の顔をもつ両義的な態度の持ち主であるとおっしゃっていて、あの映画もその一例として挙げておられたように思いますが、映画の骨子に関しては反核の立場を明確にした制作が行われておりますことを念のため申し上げておきたいと思います。

暮沢：ご指摘ありがとうございます。ほかにいらっしゃいますか。

北村礼子：昨年の中間報告書でガードナー先生の著書の第四章（本書第6章）を翻訳いたしました北村と申します。今回の機会に、ぜひガードナー先生にご挨拶させてください。わたしは、大阪万博の後に生まれたので、万博について詳しく調べ、考えたのははじめてだったんですが、大変勉強になりました。先生の本を抄訳して、万博というのは学際的な性格で、専門家集団というよりは、多くの分野の人が共同でひとつのものを作り上げたり未来の問題を話し合ったりするイベントなのかなと理解いたしました。大阪万博からすでに五〇年以上経っているわけですが、昨年の東京オリンピックでも注目されたピクトグラムをいちはやく取り入れていたり、SF作家の小松左京が深くかかわり地球温暖化による環境問題について予見したりしていることに驚きました。二〇二五年万博にも、誰かSF作家が関与することもあるのかもしれません。それで、私も文学をやっているので関心があるのですが、最近の日本のSF作家は若返りとかクローンとかアバターといった問題にも取り組んでいますが、ガードナー先生が注目している新しい傾向とか、作家とかはいらっしゃいますか？

ガードナー：ありがとうございます。うーん、何か答えにくいですね。文学と言っても、私はもともと歴史研究をやっていたものですから、最近の若い作家の動向にはそれほど詳しいわけではありません。ただもう一〇年ほど前の話になりますが、セカイ系という動向には興味がありました。多くの作品で描かれていた空間と時間のズレというか、ディスフォリアというか、若者のそういう問題意識を表現するのには、たしかにSF的な文学や映像があっているように思います。これは先ほどの加島先生のお話とも通じるかと思いますが、この点について先生方はどのようにお考えですか？

加島：セカイ系には社会がないとよく言われますが、セカイ系には社会がないと言える社会になったなというのが、一社会学者としての見解ですね。素直に語れないというか、困難なことなんだなあ、と。

暮沢：セカイ系って一〇年から一五年くらい前には随分もてはやされていたけど、今でもジャンルとしては存続しているんですかね。わたしも最近の動向には疎いのでよくわからないんですが。

加島：わたしもよくわからないけど、セカイ系には社会はないっていうキャッチフレーズは有名ですよ。

暮沢：ここでひとつだけ補足させてください。先ほど北村さんが第四章を翻訳したと自己紹介されましたが、それがこちらの本、ガードナー先生のご著書 *The Metabolist Imagination* ですね。冒頭の挨拶で説明したとおり、この科研費プロジェクトはコロナ禍の影響で一年延期になってしまったんですが、本来今年の三月末に終了する予定だったので、そこにあわせて中間報告書を作成することにいたしました。その際、今回の国際シンポジウムのことも念頭にあったので、われわれメンバーの論文以外に海外の研究者の論文も載せたいと思い、私が読んで大変面白いと思ったものですから、ガードナー先生のこの本の第四章を翻訳して掲載したいと考えました。それで調べてみたところ、もう退職されましたが、慶應義塾大学の巽孝之先生が以前ガードナー先生を日本に招聘していたことがわかったので、巽先生にガードナー先生ご本人と翻訳者の北村さんをご紹介いただいた次第です。

加島：最後に一言よろしいでしょうか。今日はガードナー先生の未来のお話がありましたが、日本の未来を色にたとえるなら灰色ですよね。一番大きいのは福島の問題です。事故が起こって一〇年経って、被災者が少しずつ元いた場所に戻ってこられるようになりましたけど、根本的な問題は何も解決していないし、どうすれば解決できるのか誰もわからない。わかっているのは、今のままじゃいけないということだけです。瓦礫をどこに持って行けばいいのかもわからないし、原子力の平和利用なんてまるで成り立っていない。周辺で働いている人がいっぱいいるけど、守秘義務を課されていたりして、彼らの口からはほとんど語られないし、取材して何かを調べるのも難しい。強力なセンサーシップが働いていて、ロイヤルファミリーと同じようなタブーになっているようにも見えます。ある意味、大変刺激的なＳＦの題材が近くにあるのに、厳しい監視下にあって、それにアクセスできない状態なわけです。すくなくとも今の状態は、人類にとってはどうだかわからないけど、日本にとって灰色であることは間違いない。この灰色を描いたＳＦが登場した時点で次のステージに移行できるのかもしれないですね。

暮沢：ちょうど閉会を予定した時刻になりました。ではこのあたりで閉会ということにさせていただきたいと思います。ご出席のみなさま、今日は長時間のシンポジウムにおつきあいいただき、どうもありがとうございました。最後に江藤先生に閉会の挨拶をお願いしたいと思います。

江藤：今日はお忙しいなかお集まりいただき、どうもありがとうございました。われわれのこの研究会、今年で五年目になるんですが、今まで研究会を開いたり、いろいろとゲストの方をお呼びして発表していただくとか、そういう機会はあったんですが、五人のメンバーが全員揃って、これだけの規模で互いの研究成果を口頭で発表するという機会は、実は今日がはじめてでした。でも同じテーマで長く研究していると、互いの関心がどことなく似通ってくるものなんだなとも思いました。今日のテーマは、一九七〇年の大阪万博と二〇二五年の大阪・関西万博の間、この五五年間のあいだに何がどう変わったのかを振り返ることでもあったわけですが、みなさんの発表にもそれが表れていたように思います。たとえば暮沢先生は原子力について発表されていましたが、福島以降その意味はまったく変わってしまった。一九七〇年万博の当時、環境という言葉は開発を優先する意味で用いられていましたが、その後現在でいうエコロジー、保護へと近づいていったわけです。またトイラー先生と飯田先生からは中谷芙二子やビデオアートについての発表がありましたが、その後のメディアの発達はもはや万博に収まらないレベルでわれわれの生活をも変容させ、ヴァーチャル空間が出現したりして、そのことがまた二〇二五年万博の行方を見えにくくしています。加島先生からは一九七〇年万博では専門家がリードしていたのに対し、二〇二五年万博は誰がリードするのかわからないという状態であることが指摘され、また鯖江先生からは、二〇二五年万博も結局は金と権力ですべてが回ってしまうのではないかという厳しい指摘がありました。さらに今回ガードナー先生をお招きして発表していただき、海外の研究者が大阪万博をどう考えているのかをうかがって大変刺激を受けると同時に、サブカルチャーへの回路のようなものも見えてきました。こうして各自の発表を聞いていると、互いの共通項というか、負の遺産というか、下ろせない荷を抱えているような実感があるのですが、そうした状況をふまえつつも今度の二〇二五年万博でどのように変化していくのかを見届けていきたいと考えております。今日はみなさま、長時間にわたり熱心に参加していただき、どうもありがとうございました。またガードナー先生、体調を崩されているとのことでしたが、積極的に発言をいただきどうもお疲れさまでした。

暮沢：江藤先生、ありがとうございます。それでは、今日はこれで閉会させていただきます。みなさんどうもありがとうございました。

＊パネリストの所属は開催当時のものである。

付録2 「万国博覧会に見る「日本」――芸術・メディアの視点による国際比較」

中間報告書目次（二〇二二年三月二八日発行）

付録3　「万国博覧会に見る「日本」——芸術・メディアの視点による国際比較」

シンポジウム記録集目次（二〇二三年三月三一日発行）

「未来の都市を想像する――1970年大阪万博での学際的協力と討論」
ウィリアム・O・ガードナー（岡田ウェンディ訳）
（スワースモア大学／アメリカ）

「泉眞也と日本の万博」
江藤光紀（研究分担者・筑波大学）

第3部

「科研費基盤（B）プロジェクト「万国博覧会に見る『日本』――芸術・メディアの視点による国際比較」関連シンポジウム」

2　オンライン発表要旨

「ドバイ国際博覧会に見る万博の現在とこれから」
岡田朋之（関西大学）

二〇二二年一二月一七日　オンラインにてシンポジウム開催

付録4　オンライン研究会記録

第一回　二〇二〇年八月二三日
「メディア研究から見る記念碑——イベントの仮設性と恒久化をめぐって」
立石祥子（立命館大学）
「「博覧会」の起源か、相対概念か——開帳・見世物・書画会・詩筵の都市空間をめぐる考察」
潘　夢斐（青山学院大学）

第二回　二〇二一年三月一二日
「イッツ・ア・スモール・ワールド——帝国の祭典と人間の展示」　小原真史

第三回　二〇二一年八月二三日
「フィルムアートフェスティバル粉砕運動と反博」
阪本裕文
（稚内北星学園大学／現・育英館大学）

第四回　二〇二二年四月一七日
「ドバイ万博に見る万博の現在とこれから」
岡田朋之（関西大学）

＊発表者の所属は、いずれも研究会当日のものである。

あとがき

ようやくここまでたどり着いた、というのが偽らざる心境だ。本研究がスタートした二〇一八年四月の時点から、成果報告のための論集を出版することは、わたし個人はもとより、メンバー五名の一致した目標であった。それが実現したことは大変嬉しいが、半面そのプロセスは想定外の出来事の連続であった。

その際たるものは、もちろん二〇二〇年初頭以降、世界全域を襲ったコロナウイルスの感染拡大である。同年四月に緊急事態宣言が発令されて以降、多くの公共施設は閉鎖され、わたしは長期間の巣ごもり生活を強いられた。所属する大学の授業や会議はすべてオンラインとなり、緊急事態宣言が解除されて以降も、人との接触は最小限にとどめざるをえなかった。事情はほかのメンバーもまったく同じだっただろう。現場に足を運んだり、関係者に聞き取り取材を行ったりすることが情報収集の基本であることを思えば、この不自由は研究遂行上の致命的な足かせであった。スタート以来二年間、五人のメンバーが思い思いのペースで調査を行い、また年に数回東京と京都でミーティングを行うなど、比較的順調に推移してきた本研究の活動もこの時点で事実上ストップし、長い停滞を余儀なくされることになった。

この停滞によって研究計画に大きな狂いが生じたが、なかでも大きな誤算だったのが、ドバイ万博の視察中止である。ドバイ万博は「心をつなぎ、未来を創る」をテーマに二〇二〇年一〇月二〇日から二〇二一年四月一〇日に開催が予定されていた中近東初の登録博覧会である。本研究でも申請の段階から五人全員での視察を計画していたのだが、コロナウイルスの感染拡大に伴い、二〇二〇年四月には主催者から一年間の開催延期が発表された。このときわたしは「さすがに延期の決定は仕方ない。一年後にはぜひ現地を訪れたい」と思い直したのだが、ワクチン接種が進み、コロナ禍が収まったように思われても、外務省の水際対策は一向に緩和されなかった。研究出張は所属機関の許可なしに実施することはできない。発表どおり、ドバイ万博は予定より一年後の二〇二一年一〇月一日から二〇二二年三月三一日に開催されたのだが、結局五人のメンバーの誰ひとりとして、会期中に万博会場を訪れることはかなわなかった。直接のテーマではなかったとはいえ、ドバイ万博は国際比較という観点からも、課題解決を標榜する万博の現在を知るという観点からも重要であり、その視察の機会を逸したことは、本研究を遂行するうえで大きなマイナスとなった。

一年間の期間延長が決定した本研究は、計画の大きな練り直しを迫られることになった。遺漏を補うべく、メンバー間で協議の末に実施されたのがオンライン研究会と中間報告書の作成であり、あわせて申請の段階から計画していたシンポジウムを当初の予定より一年遅れで開催することも決定した（詳細は付録1を参照のこと）。

まずオンライン研究会については、ミーティングを当分のあいだオンラインで実施しなければならなくなったことに伴い、メンバー外の研究者を招き、ミーティングにあわせて研究発表と質疑応答の機会を設けてはどうかという提案を機に構想されたもので、二〇二〇年八月から二〇二二年四月にかけて計四回開催され、五名の研究者に発表していただいた（付録4）。発表をご快諾いただいた立石祥子、潘夢斐、小原真史、阪本裕文、岡田朋之の各氏には、この場にてあらためてお礼申し上げる。紙幅の関係で、中間報告書およびシンポジウム記録集に掲載されたその要旨をここに再録することはかなわなかったが、メンバー各自がそれぞれの発表から多くの刺激を受け取っていたことはここに明記しておきたい。

一方の中間報告書は、二〇二二年三月末に当初予定されていた研究期間の終了を迎えるにあたって、それまでの研究の取りまとめと延期された残り一年間の準備を兼ねて、各自がそれぞれの研究成果を発表するための機会として作成したものである（付録2）。本書所収のガードナー論文は、報告書の準備中に彼の著作（*The Metabolism Imagination*, University of Minnesota Press, 2020）を興味深く読んだわたしが、国際比較の観点からぜひその一章を採録したいと思い立ち、著者本人と版元の了解を得たうえで、この報告書に掲載したものである。変則的な経緯での翻訳掲載を快く許諾していただき、その流れでシンポジウムへの出席も快諾していただいたウィリアム・O・ガードナー氏、短期間で高精度の翻訳を仕上げてくださった北村礼子氏、ガードナー氏と北村氏をご紹介いただいた巽孝之氏にこの場にて深く感謝したい。本書が巽氏の初の著作にして代表作である『サイバーパンク・アメリカ』の版元でもある勁草書房から刊行されることは、わたしにとって実に光栄な偶然である。

期間延長された最後の一年間で、われわれはそれぞれの研究を推し進め、また一二月にはオンライン形式のシンポジウムを開催し、年度末には記録集の出版に漕ぎつけた。シンポジウムを本書に採録できたのは嬉しいが、オンデマンドで行われたザラ・ヨハンナ・トイラー氏の発表を採録できなかったのは残念である。この場にてお礼とお詫びを申し上げたい。また当日の発表原稿の翻訳をご用意いただいた岡田ウェンディ氏と古森科子氏、ご来場いただいた方々にも感謝したい。不十分な準備や不慣れな進行のため、聞き苦しい部分があったのではないかと畏れている。

論集の出版にあたっては、勁草書房の鈴木クニエ氏の手を煩わせた。飯田の紹介で、わたしが鈴木氏にはじめてお目にかかったのは二〇一九年の秋だったと記憶している。それから間もなくして生じたコロナ禍による長期間の停滞は鈴木氏にとっても想定外のことではなかったかと思うが、的確に原稿を整理していただき、有益な助言をしていただいたのはありがたかった。出版後の反響を通じて、そのご恩に報いることができることを願っている。

繰り返すが、本書は「万国博覧会に見る『日本』――芸術・メディアの視点による国際比較」（基盤研究（B）18H00639）の最終成果報告である。関係各位にこの場にてお礼申し上げる。

六年にわたる本研究は本書の出版によって終了するが、万博研究は今後も続いていく。真っ先に視界にとらえられるのは、やはり目前に迫った二〇二五年大阪・関西万博であろう。多くの課題が山積するこの万博に対峙するにあたって、本書が読者に何らかの示唆を与えられることを願っている。

二〇二三年一〇月二九日

暮沢剛巳

■ナ行

■ハ行

■マ行

■ヤ行

■ラ行

■サ行

■タ行

索　引

執筆者略歴

暮沢剛巳（くれさわ・たけみ）　はしがき・第5章・あとがき
東京工科大学デザイン学部教授。美術・デザイン評論。著書に『拡張するキュレーション——価値を生み出す技術』（集英社新書、2021）、『オリンピックと万博——巨大イベントのデザイン史』（ちくま新書、2018）など。

飯田　豊（いいだ・ゆたか）　第1章
立命館大学産業社会学部教授。メディア論、メディア技術史、文化社会学。著書に『テレビが見世物だったころ——初期テレビジョンの考古学』（青弓社、2016）、『メディア論の地層——1970 大阪万博から 2020 東京五輪まで』（勁草書房、2020）など。

江藤光紀（えとう・みつのり）　第2章
筑波大学人文社会系准教授。劇場・博覧会研究、音楽評論。著書に『現代芸術をみる技術——アート・思想・音楽をめぐる十八章』（東洋書店、2010）、『カンディンスキー／コンポジションとしての絵画——宗教的主題の解読』（コスモス・ライブラリー、1998）など。

加島　卓（かしま・たかし）　第3章
筑波大学人文社会系教授。社会学、メディア論、デザイン史。著書に『〈広告制作者〉の歴史社会学——近代日本における個人と組織をめぐる揺らぎ』（せりか書房、2014）、『オリンピック・デザイン・マーケティング——エンブレム問題からオープンデザインへ』（河出書房新社、2017）など。

鯖江秀樹（さばえ・ひでき）　第4章
京都精華大学芸術学部准教授。美術史、表象文化論。著書に『イタリア・ファシズムの芸術政治』（水声社、2011）、『糸玉の近代——二〇世紀の造形史』（水声社、2022）など。

ウィリアム・O・ガードナー（William O. Gardner）　第6章
スワスモア大学教授。著書に *Advertising Tower: Japanese Modernism and Modernity in the 1920's*（Harvard University Asia Center, 2006）など。

北村礼子（きたむら・あやこ）　第6章翻訳
翻訳家。慶應義塾大学文学部卒業（英米文学専攻）。ニューヨーク市立大学留学後、翻訳に従事。訳書多数。

万国博覧会と「日本」
アートとメディアの視点から

2024年3月20日　第1版第1刷発行

著　者　暮沢剛巳・飯田　豊・江藤光紀・加島　卓・鯖江秀樹・ウィリアム・O・ガードナー

発行者　井　村　寿　人

発行所　株式会社　勁　草　書　房

112-0005　東京都文京区水道2-1-1　振替　00150-2-175253
（編集）電話　03-3815-5277／FAX　03-3814-6968
（営業）電話　03-3814-6861／FAX　03-3814-6854
平文社・松岳社

ISBN978-4-326-65444-4　　Printed in Japan

＊落丁本・乱丁本はお取替いたします。
ご感想・お問い合わせは小社ホームページから
お願いいたします。

https://www.keisoshobo.co.jp